AFRIQUE NOIRE

MASQUES

SCULPTURES

BIJOUX

AFRIQUE NOIRE

MASQUES

SCULPTURES

BIJOUX

LAURE

MEYER

PIERRE TERRAIL

*Illustration
de couverture*

Grand masque de danse à cornes recourbées.
Gabon. Kwele. Bois peint.
H : 42 cm. L : 62 cm.
Musée Barbier-Mueller,
Genève.

Page précédente

Poupée de bois Akua ba.
Ghana. Akan. Bois peint
ou teint en noir.
H : 44,5 cm. Musée
Barbier-Mueller, Genève.

Page de droite

Statuette masculine.
Mali. Région de Segou.
Terre cuite. H : 44,3 cm.
Musée Barbier-Mueller,
Genève.

Direction éditoriale : Jean-Claude Dubost et Jean-François Gonthier
Direction artistique : Bernard Girodroux
Réalisation graphique : Bruno Leprince, Artegrafica, Paris
Flashage : Compo Rive Gauche, Paris
Photogravure : Litho Service T. Zamboni, Vérone

© FINEST S.A. / ÉDITIONS PIERRE TERRAIL, PARIS, 1991
N° d'éditeur : 105
ISBN : 2-87939-031-1
Dépôt légal : septembre 1991
Printed in Italy

Sommaire

Page de gauche

Tambour.
Guinée. Baga. Bois dur,
peau. Polychromie en par-
tie effacée : rouge, blanc,
bleu, noir. H : 172 cm.
Musée Barbier-Mueller,
Genève.

Introduction

La rédaction d'un livre sur les arts de l'Afrique noire pose inévitablement un délicat problème d'équilibre à trouver entre ethnologie et esthétique, deux approches aussi indispensables l'une que l'autre.

Aborder les arts de l'Afrique sous l'angle exclusivement esthétique aboutit à les priver d'une grande partie de leur signification, de leur poids d'humanité. En Europe, si nous ignorions absolument tout des récits bibliques, apprécierions-nous pleinement le tympan d'une cathédrale romane ou une *Descente de Croix* de la Renaissance ? En Afrique noire aussi, pour sentir toute la beauté d'une œuvre, il faut connaître sa raison d'être et son but, son sens mythique pour l'Africain qui l'a créée et pour ceux qui l'ont vécue. Faute de quoi, on la mutile.

Certains objecteront que des artistes fauves et cubistes du début de ce siècle, Matisse, Vlaminck, Picasso ou Juan Gris, ont, les premiers, su voir la beauté ou l'intérêt de certaines statuettes d'"art nègre", sans connaissances préalables d'ethnologie. Mais sommes-nous sûrs qu'ils avaient de ces œuvres une vision complète ? On peut supposer plutôt qu'ils y ont cherché en priorité la solution à certains problèmes plastiques. Et réciproquement, des notions d'ethnologie les auraient-elles gênés dans leur appréciation ? Ne leur auraient-elles pas donné un accès plus direct à l'œuvre dans son essence profonde et sa totalité ?

9

Mère et enfant.
Zaïre. Yombe. Bois.
Musée royal de l'Afrique
centrale, Tervuren.

Page de droite

**Statue représentant un
Messager.**
Nigéria. Bénin. Fin XVIe-
début XVIIe siècle. Laiton.
H : 60 cm. Museum für
Völkerkunde. Vienne.
Photo : Musée Dapper.

Si, choisissant la solution inverse, on privilégie l'ethnologie aux dépens de l'esthétique, on mutile également une création, on la réduit au niveau d'objet, fût-ce un objet à but religieux. Sur quels critères se fonde-t-on pour refuser toute valeur de beauté à la statuaire née sur la terre d'Afrique ? Les canons des arts classiques européens seraient-ils les seuls valables ? Il est temps d'admettre que certaines œuvres africaines enrichissent le patrimoine artistique de l'humanité tout autant que d'autres chefs-d'œuvre plus anciennement reconnus.

Ce livre est donc conçu pour apporter au lecteur non spécialiste quelques notions essentielles d'ethnologie afin de faire sentir plus pleinement la beauté, la puissance, le raffinement ou le caractère terrifiant de certains aspects des arts de l'Afrique.

Les œuvres ne sont pas présentées selon leur localisation géographique, ce qui a déjà été souvent et fort bien fait. Elles sont évoquées à propos de différents thèmes, fils conducteurs d'une réflexion sur des traits spécifiques des cultures africaines. L'art y apparaît comme l'aboutissement final, la réalisation la plus parfaite d'un moment de vie. Chacun de ces thèmes est indépendant et devrait permettre de mieux cerner une forme de pensée propre aux Africains.

L'appréciation totale des arts africains passe par un effort conscient de la part du spectateur européen : il doit faire abstraction de ses modes de raisonnement habituels et s'efforcer d'adopter la vision de l'homme qui a créé l'œuvre ou l'a vécue. Ceci est particulièrement important dans le cas du concept le plus dangereux de tous, le concept d'"art".

Il faut préciser en effet que la notion européenne d'"art" est étrangère à la pensée africaine traditionnelle. "L'art pour l'art" n'existait en Afrique que de manière tout à fait exceptionnelle, tout comme il n'existait pas dans l'art médiéval. Ceci n'a pas empêché la beauté de s'épanouir en Afrique dans de nombreux domaines, même si elle ne porte pas le nom d'art et répond à des fins différentes de celles de l'art occidental.

On peut alors se demander ce qui remplace dans la mentalité africaine la notion occidentale d'art. Comment un Africain ressent-il et explique-t-il qu'un objet est beau ? Susan Vogel, directeur du Center for African Art de New York, a tenté de répondre à cette question dans *Aesthetics of African*

Art. Condensant les résultats de recherches faites dans divers groupes ethniques et sur de nombreuses langues africaines, elle estime que les concepts de beauté et de bonté se recouvrent en grande partie et sont indissociables. Dans de nombreux cas, un seul mot signifie à la fois "beau" et "bon". Dans l'esprit d'un Africain, cela peut être l'équivalent de : bien fait, agréable à voir, conforme aux préceptes de la morale, utile et bien adapté à son but, fonctionnel, conforme aux traditions. La Grèce classique avait déjà connu pareil rapprochement.

Les sculptures créées dans cette optique ont le plus souvent un but religieux : faire revivre des mythes fondateurs, perpétuer la mémoire des ancêtres, agir de manière positive sur des forces surnaturelles ou sur les émanations de l'audelà. Sous l'apparence matérielle de l'œuvre, sous son attrait esthétique, il ne faut pas oublier qu'il y a presque toujours une dimension philosophique. L'objet est le support d'un rite ou d'un principe de vie.

En Afrique, certains secteurs de l'art sont aussi consacrés à la glorification du souverain. L'importance des cours royales a souvent fait naître un admirable ensemble d'œuvres délibérément conçues pour accroître le prestige du chef. Mais, en dernier ressort, il s'agit encore d'un art à fondement religieux puisque le roi est supposé être d'essence divine.

Cet art religieux a de nombreuses implications dans les domaines de la morale et de la sociologie. A travers les masques, il permet d'assurer la cohésion et la hiérarchie sociales, le respect des lois coutumières et la répression des comportements non admis.

En raison de cette orientation très particulière des arts d'Afrique, c'est la personne humaine qui est le plus souvent représentée. Elle est le moyen le plus facile pour donner forme au surnaturel. Les animaux apparaissent dans la mesure où ils complètent, modifient ou expriment le comportement humain. Le paysage et les formes de vie végétale sont pratiquement absents.

L'artiste africain répondait toujours à une commande émanant d'un souverain, de l'officiant d'un culte, d'un devin ou des membres d'une société secrète. Il n'obéissait pas à une "inspiration" débridée totalement libre. Il œuvrait dans le cadre de normes et de schémas traditionnels, mais ce cadre laissait toujours place à la variété pour des créations de valeur.

Au plan géographique, la variété est tout aussi grande. Seul un regard superficiel peut amener le spectateur à parler d'un art africain unique, qui se signalerait par certains caractères immuables. En fait, chaque région d'Afrique a créé des arts qui lui sont propres parce qu'ils résultent de son passé et correspondent, à un moment donné, à la manifestation visible des tendances et du psychisme collectif d'une ethnie.

Dans chaque tribu, la création plastique se manifeste dans tous les actes de la vie et déborde très largement le domaine traditionnel des statues et masques pour englober les objets décorés et sculptés, les instruments de musique, les armes, et finalement les arts du corps, coiffures et scarifications. Aussi le "style" d'une ethnie est-il l'expression d'une certaine vision du monde, tacite, inconsciente et spontanée qui aboutit à la création d'une globalité vécue, comprise, appréciée ou crainte par tous les membres de la tribu.

Notons enfin que, même si l'on se limite aux peuples de l'Afrique, tous n'ont pas été également créateurs. Quand on passe en revue leurs réalisations plastiques, on est le plus souvent amené à se tourner vers les peuples qui ont vécu dans les régions occidentales et centrales de l'Afrique, au nord et au sud de l'équateur, depuis le Sénégal jusqu'au Zaïre et à l'Angola, mais les autres populations ne sont pas systématiquement exclues. Peut-être aussi une meilleure connaissance de leurs cultures nous fera-t-elle dans l'avenir mieux apprécier leurs productions.

Cette étude ne concerne malheureusement que les œuvres africaines antérieures au milieu du XXe siècle. Les bouleversements politiques et sociaux intervenus à ce moment-là ont été à l'origine de nouvelles orientations qui, pour être correctement appréhendées, exigeraient d'autres recherches.

Jaillie de la nuit
des temps,
la terre cuite

La première histoire de l'Afrique s'est écrite en terre cuite. C'est en terre que sont modelées les plus anciennes figurines retrouvées. Leur grand âge, jusqu'à 2 000 ans pour certaines, s'explique d'abord par la pauvreté de la matière. Les métaux ont éveillé la cupidité des fondeurs qui les ont transformés et refondus. Le bois a été la proie des termites. La terre cuite, vu sa valeur minime, a rarement été réemployée.

Elle avait d'autre part l'avantage de pouvoir être façonnée à mains nues, sans outils. Pour la cuisson, on avait depuis des millénaires l'expérience de la poterie utilitaire. Certaines œuvres ont été séchées au soleil, d'autres cuites dans les cendres d'un foyer ouvert, à 300° C environ, d'autres enfin à des températures plus élevées donnant des parois plus durables.

Les trouvailles de Nok

Dans l'état actuel des connaissances, les figurines en argile retrouvées à proximité du village de Nok, au centre du Nigéria, peuvent être datées approximativement de 500 av. J.-C. à 500 ap. J.-C. par le procédé de la thermoluminescence.

Leur découverte, en 1943, s'est faite par hasard, dans une mine d'étain. Un ouvrier qui y travaillait avait trouvé une tête

Page de gauche

2. Tête
(fragment). Nigéria. Culture de Nok. Terre cuite. H : 15 cm. Daté par thermoluminescence : vers la fin du 1er siècle av. J.-C. Musée Barbier-Mueller, Genève.

1. Tête de Jemaa.
Nigéria. Culture de Nok.
Terre cuite. Datée par
thermoluminescence :
510 (± 230) av. J.-C.
H : 25 cm. National
Museum, Lagos. Photo :
Dominique Genet.
C'est cette tête qui attira
la première l'attention de
Bernard Fagg et l'amena à
découvrir, par la suite, la
culture de Nok.

*Ci-dessus et page de
droite*

**6. Tête en terre cuite
représentant un per-
sonnage royal défunt.**
Nigéria. Royaume d'Ife.
XIIIᵉ-XIVᵉ siècles.
H : 17 cm. Ancienne col-
lection Roger Bédiat.
Musée Barbier-Mueller,
Genève.

en argile (fig. 1) qu'il avait emportée chez lui pour en faire un épouvantail, rôle qu'elle remplit parfaitement pendant un an dans un champ d'ignames ! Elle attira cependant l'attention du directeur de la mine. Après l'avoir achetée, il l'emporta dans la ville de Jos et la montra à un administrateur civil stagiaire, Bernard Fagg, archéologue de formation, qui comprit immédiatement son importance. Il demanda alors à tous les mineurs de l'avertir de leurs découvertes, ce qui permit de réunir plus de cent-cinquante pièces. Par la suite, Bernard et Angela Fagg ont dirigé des fouilles systématiques qui se sont révélées d'autant plus fructueuses que les trouvailles, dispersées sur une aire très vaste, ont largement débordé le site initial. Toutefois, on continue à grouper ces œuvres sous l'appellation "style de Nok", car il est d'usage en archéologie de désigner un style d'après le site où a été découvert le premier objet significatif.

Les artisans qui ont travaillé aux alentours de Nok ont utilisé pour leurs figurines modelées la même matière que pour leurs poteries utilitaires : une argile à gros grains. Certaines statues peuvent atteindre 1,20 mètre, ce qui suppose une excellente maîtrise des techniques de modelage comme de la cuisson en plein air. Comme beaucoup de statues sont creuses, le sculpteur a veillé à maintenir sur toute la pièce une égale épaisseur et a évidé les parties qui auraient pu exploser au feu.

Cette compétence technique, tout comme la maîtrise stylistique constatée dans ces œuvres, porte à croire que l'art de Nok pourrait être l'aboutissement d'une tradition artistique déjà longue. Nulle part on ne détecte de tâtonnements ou de recherches. Les caractéristiques de ce style sont déjà précises. L'œil attire d'abord l'attention par son importance. Il forme tantôt un arc de cercle, tantôt un triangle au-dessus duquel le sourcil contrebalance la courbure de la paupière inférieure. La pupille est profondément creusée, de même que les narines, les oreilles, éventuellement la bouche. Les lèvres sont très développées, la lèvre supérieure atteignant presque la base du nez (fig. 2). Les oreilles sont parfois situées très en arrière. L'expression d'ensemble est très vivante, d'autant plus que la coiffure est représentée avec soin. Elle comporte souvent de petites coques surmontées chacune d'une plume (les trous de fixation sont encore visibles).

7. Effigie commémorative. Nigéria. Ife.
Terre cuite. XIIIe siècle.
Appartient à l'Oni d'Ife.
Œuvre où l'on peut admirer une technique d'autant plus remarquable que la cuisson était effectuée dans la cendre à 300° C.

3. Homme agenouillé couvert de bijoux.
Nigéria. Culture de Nok.
Terre cuite. 500 av.
J.-C. - 200 ap. J.-C.
National Museum, Lagos.
Photo : Dominique Genet.

4. Tête de Reine.
Nigéria. Trouvée à Ita Yemoo. Ife.
Terre cuite. XIIe-XIIIe siècles. H : 25 cm.
Museum of Ife Antiquities. Photo : Dominique Genet.
Cette tête n'est pas complète, elle faisait partie d'une statue en pied et la couronne comportait une crête qui a disparu. C'est pourtant la plus raffinée de toutes les têtes en terre cuite trouvées à Ife.
La couronne à cinq étages de perles indique qu'elle représente une reine.

9. Tête.
Nigéria. Trouvée à Igbo Laja, Owo.
Terre cuite. XVe siècle environ. H : 17,4 cm.
National Museum, Lagos.
Photo : Dominique Genet.
Par sa sérénité, cette tête se situe dans la tradition artistique d'Ife mais elle a probablement été réalisée à Owo. On y retrouve les caractéristiques de l'art d'Ife : des stries parallèles sur le visage, la paupière supérieure qui recouvre le coin de la paupière inférieure, une légère incision dans la paupière supérieure, les commissures des lèvres marquées en creux et le contour des lèvres en léger relief.

5. Tête coiffée d'un bonnet perlé.
Nigéria. Ife.
Terre cuite. XIIᵉ-XVᵉ
siècles. H : 16 cm.
National Museum, Lagos.
Photo : Dominique Genet.
Un trou dans le bonnet
perlé laisse supposer
qu'on y plaçait une crête
ou une plume d'aigrette.

8. Tête couronnée d'un Oni.
Nigéria. Ife, Wunmonije
Compound. XIIᵉ-XVᵉ
siècles.
Laiton à teneur en zinc.
H : 24 cm. Museum of Ife
Antiquities. Photo :
Dominique Genet.
Cette tête en "bronze"
marque l'aboutissement
admirable de l'art d'Ife. le
modelé délicat des traits
est mis en valeur par les
lignes qui parcourent le
visage. La rosace qui le
surmonte prouve qu'il
s'agissait d'un Oni, mais
peut-être était-ce une
femme-Oni. Le sommet
de la couronne a été
brisé.

11. Statuette féminine.
Mali. Région de Djenne.
Terre cuite. H : 39 cm.
Musée Barbier-Mueller,
Genève.
Cette femme enceinte, les
mains posées sur l'abdo-
men, semble accoucher
d'un serpent. Un culte du
serpent est évoqué au XIe
siècle par l'écrivain arabe
Al Bakri dans le royaume
de Ghana.

L'amour des habitants de Nok pour les parures ne peut être mis en doute. Une statuette représente un petit personnage (fig. 3) croulant littéralement sous les colliers et bracelets. On a retrouvé des centaines de perles de quartz et le matériel servant à les produire.

Si de nombreuses têtes se révèlent assez proches de la réalité en ce qui concerne leur forme (c'est le cas de celle qui attira l'attention de Bernard Fagg), d'autres au contraire semblent soumises à des schémas géométriques stricts, fondés sur la sphère, le cylindre ou le cône. On ignore la raison de ces transformations. Il ne peut être question d'incompétence car les têtes animales retrouvées à Nok montrent que, dans ce domaine, les sculpteurs étaient capables de réaliser des représentations parfaitement réalistes évoquant la vie. On a pu songer à des interdits religieux. Frank Willett, ancien directeur du Hunterian Museum de Glasgow et grand connaisseur de l'art africain, explique ces différences de style par la crainte de certains sculpteurs d'être accusés de sorcellerie s'ils avaient créé des têtes humaines totalement réalistes. On peut aussi supposer avec M. Ekpo Eyo, ancien directeur des Antiquités du Nigéria, que certains animaux ont été représentés avec soin parce qu'ils jouaient un rôle dans les croyances religieuses de l'époque. D'autres découvertes trancheront peut-être la question.

Les artistes de Nok ont-ils travaillé le bois ? C'est probable, mais tout a disparu. On pourrait voir un écho lointain de ces œuvres dans certaines créations des Yoruba actuels, une population nigérienne très douée dans le domaine artistique. Leurs sculptures sur bois, en particulier certains masques Gelede ont des yeux aux pupilles creusées, ces mêmes yeux qui donnent tant de présence aux têtes de Nok.

Le déclin de l'art de Nok est attesté durant le Ier millénaire ap. J.-C. par des figurines de terre cuite de moindre mérite. Elles ont toutefois l'intérêt de montrer qu'une tradition s'est poursuivie, dont on trouve un héritage dans l'art d'Ife, qui a donné au monde certaines des plus belles créations de l'Afrique noire.

Le grand art d'Ife

Malgré une première découverte très limitée, en 1910, par l'ethnologue allemand Frobénius, c'est en 1938 que furent vraiment mises au jour des œuvres capitales. Ces découvertes fortuites, faites à l'occasion de construction de maisons, furent complétées par des fouilles systématiques entre 1949 et 1963, date à laquelle l'Oni (le roi) d'Ife, conscient du caractère cultuel des objets exhumés, fit interrompre les travaux pour "ne pas déranger les os de ses ancêtres". Dans cet intervalle, plusieurs sites avaient cependant été fouillés dans la ville d'Ife aux alentours du palais actuel.

Les Yoruba attribuent à Ife, leur ville sainte, une origine mythologique. Ce serait le lieu où les dieux seraient descendus du ciel pour peupler le monde. Les enfants du premier grand dieu Oduduwa auraient créé leurs propres royaumes, et les souverains d'Ife sont encore considérés par leurs sujets comme des demi-dieux.

Les examens par le carbone 14 et la thermoluminescence permettent de situer l'apogée "classique" de l'art d'Ife entre le XIᵉ ou le XIIᵉ siècle ap. J.-C. et le XVᵉ siècle. D'autres œuvres des XVIᵉ et XVIIᵉ siècles sont qualifiées de "post-classiques". Parmi les créations classiques, ce sont surtout des têtes royales qui ont été retirées du sol d'Ife. Les plus nombreuses, en terre cuite, semblent être à l'origine de cet art. D'autres, une trentaine, sont des fontes en métal, laiton ou cuivre, qui marquent l'aboutissement de cette tradition. Les têtes en terre sont le plus souvent des œuvres indépendantes, mais quelques-unes faisaient partie de statues en pied grandeur nature. Elles portent encore quelques traces de la peinture qui les recouvrait à l'origine.

Étant donné la beauté physique des personnages représentés, la délicatesse des traits, il est souvent difficile de distinguer entre homme et femme. Bien souvent, des lignes parallèles partant du menton et remontant vers le front couvrent tout le visage, créant un sentiment d'harmonie et de sérénité exceptionnelles. S'agit-il de portraits princiers ? C'est probable, mais de portraits d'apparat, idéalisés, dégagés de l'emprise des difficultés de ce monde (fig. 4 et 5).

L'argile, facilement modelée, permet de donner à ces visages une sensibilité à fleur de peau, qui anime les lèvres charnues et les narines que l'on sent palpitantes. A la différence des têtes de Nok, la pupille ici n'est pas marquée ; le regard semble accommodé à l'infini, entre les paupières au tracé réaliste et délicat (fig. 6). La coiffure, quand elle est

10. Statuette.
Mali. Région de Djenne.
Terre cuite. H : 42,5 cm.
Musée Barbier-Mueller,
Genève.
Plusieurs serpents ondulent sur le corps de cet homme. On pourrait voir en lui une figure de reliquaire liée au culte du serpent dans la région de Djenne. On ignore la signification des cercles placés sur les bras. Les yeux exorbités, caractéristiques, font songer à un état de transe hallucinatoire.

représentée, est toujours soignée et sert de complément au volume du visage (fig. 7).

Les mêmes caractères apparaissent dans les têtes en bronze (fig. 8), sommet de cette tradition. Des trous pratiqués au niveau du cou montrent qu'elles étaient destinées à être fixées sur des corps en bois pour figurer dans les cérémonies des secondes funérailles de l'Oni. Au-delà de la mort, il fallait attester et matérialiser la permanence intangible de la royauté.

A côté de ces têtes-portraits, on a retrouvé à Ife des figurines humaines extrêmement abstraites, ramenant le visage à un cylindre percé de deux trous, avec une fente pour la bouche. Ce style dont la raison d'être n'est pas connue était contemporain des images princières. Il existait également de nombreuses représentations animales réalistes.

Au XVIe siècle, on constate à Ife un déclin de l'art du bronze dû à des difficultés d'approvisionnement en métal. Les royaumes vassaux soumis, revendiquant leur indépendance, refusent de payer le tribut. La terre cuite, d'origine locale, ne pose pas les mêmes problèmes mais le style perd de son élégance première.

De nombreux caractères de l'art d'Ife se retrouvent à Owo, autre ville Yoruba à mi-chemin entre Ife et Bénin. Elle semble avoir pris au XVe siècle le relais d'Ife pour l'artisanat des terres cuites. A côté de têtes humaines de grande qualité (fig. 9), on trouve à Owo nombre de représentations animales et de thèmes macabres (un panier plein de têtes humaines coupées par exemple) qui l'éloignent de l'esprit d'Ife. Toutefois, Owo a peut-être joué au XVIe siècle un rôle important pour transmettre au Bénin certains éléments de l'art d'Ife.

La perfection des créations d'Ife, comparables aux plus grandes réussites de la Grèce ou de l'Italie, n'a pas manqué de suggérer aux historiens d'art une origine extra-africaine pour cette civilisation. La Méditerranée ? L'Égypte ? Frobénius y pensait. Mais, faute d'arguments valables, on a fini par renoncer à ces hypothèses pour ne voir à Ife que l'apogée, la forme la plus pure, d'une culture vraiment africaine.

13. Statuette masculine.
Mali. Région de Segou.
Terre cuite. H : 44,3 cm.
Les tests de thermoluminescence donnent des dates allant du XIVe au XVIe siècle. Musée Barbier-Mueller, Genève.

14. Figuration d'ancêtre.
Tchad. Sao.
Terre cuite. H : 20 cm.
Musée de l'Homme, Paris.

Les mystères du Delta intérieur du Niger

Des statues, apparues sur le marché de l'art depuis 1970, ont surpris collectionneurs et chercheurs qui s'efforcent actuellement de mieux connaître ces œuvres puissantes et austères (fig. 10). On les a retrouvées dans le Delta intérieur du Niger, ce vaste territoire inondable situé entre les villes de Segou et Tombouctou au Mali. On les groupe souvent sous l'étiquette générale de style de Djenne, ce qui n'est pas toujours exact car certaines ont été retrouvées très loin de la ville de Djenne. Une petite partie seulement des ces œuvres proviennent des fouilles officielles qui ont permis de les dégager des alluvions qui les recouvraient. Le reste résulte de fouilles pratiquées par les riverains du Niger, sans contrôle scientifique.

L'analyse par thermoluminescence a révélé pour ces statues des dates s'étalant des XIe-XIIe siècles pour les plus anciennes jusqu'au XVIIIe siècle pour les plus récentes. La majorité pourrait dater des XIVe et XVe siècles. Ces statues représentent des individus en position accroupie, et surtout agenouillée, les mains posées sur les genoux. Le corps est parfois couvert de boulettes de terre qui évoqueraient des pustules ou des lésions de filariose. Des serpents, partout présents, rampent sur le dos des personnages ou sortent de leurs orifices naturels, nez et oreilles, et l'on remarque même une femme qui semble accoucher d'un serpent (fig. 11).

La présence en nombre de ces reptiles incite à supposer l'existence très ancienne d'un important culte du serpent parmi les populations de la région. Les statues, dont le rapport aux serpents est difficile à préciser, pourraient représenter des ancêtres royaux du village déifiés par la suite. Elles étaient pendues aux murs ou placées dans les niches de sanctuaires spéciaux auxquels étaient attachés un gardien et un sacrificateur chargés des rites. Le sang de la victime, animale ou humaine, était versé sur la statue, tandis que le fidèle, agenouillé dans la même attitude que la divinité qu'il vénérait, s'identifiait à elle. On note sur les statues l'importance des yeux exorbités qui pourraient faire penser à un état de transe induit par une drogue hallucinatoire.

On constate parmi les statues du Delta intérieur du Niger une certaine proportion de statues équestres. Le cheval, introduit en Afrique au cours du IIe millénaire av. J.-C. était au XVe siècle ap. J.-C. un animal rare et prestigieux, signe de

Ci-dessus et page de gauche

17. Poterie anthropomorphe.
Zaïre. Région de Medje.
Mangbetu.
Terre cuite. H : 27,4 cm.
American Museum of
Natural History, New York.

15. Tête.
Cameroun septentrional.
Afadé. Art Sao.
Terre cuite. H : 20,3 cm.
Muséum d'Histoire
Naturelle, La Rochelle.

**16. Portrait commémo-
ratif d'une reine
défunte.**
Côte d'Ivoire. Anyi.
Terre cuite. Musée de
l'Homme, Paris.

luxe suprême. Porteur d'un symbolisme très fort, il marquait la prééminence de l'individu, d'un roi, d'un guerrier ou d'un ancêtre fondateur (fig. 12).

Des traces de sacrifices et enterrements rituels de chevaux ont été retrouvées dans les fouilles du Delta intérieur du Niger. Ces cérémonies, qui pourraient remonter à l'empire Soninke, vers 1000 ap. J.-C., sont également mentionnées dans des traditions orales qui font état de sacrifices de vierges, de chevaux et de juments pleines pour obtenir l'aide des divinités.

On rattache aux statues du Delta intérieur du Niger du style de Djenne d'autres œuvres probablement contemporaines, retrouvées plus au sud dans la région de Segou et d'un style tout différent, dit "style de Bankoni" (fig. 13). On est surpris par l'aspect lisse de ces épidermes s'opposant aux surfaces rugueuses et torturées des œuvres précédentes. Le modelé est souple, presque mou, et vise à une représentation réaliste.

Et ailleurs, du Tchad au Zaïre

En dehors de ces grandes zones de production de terres cuites, de nombreuses autres régions d'Afrique noire se sont révélées à travers les siècles riches en œuvres de qualité, figurines souvent destinées au culte des ancêtres, dont nous ne citerons que les plus remarquables.

Au Tchad, les Sao ont laissé des traces d'une culture qui s'est développée entre les Xe et XVIe siècle ap. J.-C. A moins qu'il ne s'agisse de vestiges archéologiques. Ils inhumaient leurs morts dans des jarres-cercueils enfouies verticalement dans le sol et recouvertes d'une poterie renversée. Leurs figurines d'ancêtres (fig. 14 et 15), malgré leur petite taille, sont vivantes et animées d'une rare puissance par des têtes aux lèvres énormes. Dans les vêtements représentés avec soin, les décorations en zigzag jouent un grand rôle.

C'est sans doute aussi aux XVe et XVIe siècles qu'il faut faire remonter les terres cuites découvertes au Komaland dans les années 80. On sait encore très peu de choses à leur sujet, mais on ne peut manquer d'être sensible à la puissance de leur plastique (fig.163, p. 174).

Chez les Anyi du Sud de la Côte d'Ivoire, des figurines

19. Tête.
Ghana. Akan. Ashanti.
XVIIᵉ siècle. Terre cuite.
H : 16 cm. Collection
privée.

d'ancêtres ou de souverains défunts, modelées par des vieilles femmes, des pleureuses professionnelles, atteignent une grande qualité expressive, concentrée dans une grosse tête surmontant un cou orné d'anneaux (fig. 16). Habillées et parées, ces figurines sont placées sur une plateforme au-dessus de la tombe protégée par un toit de paille.

Les créations en terre cuite des Mangbetu du Zaïre se situent à la limite entre la poterie et la figurine sculptée, mais leur grande élégance interdit de les oublier. Elles sont composées à la partie inférieure d'un vase sphérique orné de spirales ou de motifs géométriques et surmonté en guise de col d'une tête féminine portant une coiffure évasée en éventail, d'un genre qui se rencontrait au début de ce siècle (fig. 17 et 18). Aucune rupture dans les formes. La juxtaposition d'un récipient et d'un portrait de femme semble aller de soi dans une grande harmonie. Le seul caractère surprenant de ces vases anthropomorphes est leur apparente inutilité. Aucun rôle rituel n'a pu leur être attribué avec certitude, et ils n'étaient adaptés à aucun but pratique, cuisine ou boisson. On pourrait y voir plutôt un symbole de puissance réservé aux dignitaires.

Conçues durant une période relativement brève, fin du XIXe ou début du XXe siècle, ces créations hors normes des Mangbetu marquent l'une des dernières étapes de la très longue tradition des terres cuites d'Afrique noire.

Pour le prestige
d'un grand roi,
le bronze et l'ivoire

L'année 1897 a marqué la fin du grand royaume africain du Bénin, la fin aussi de l'art somptueux (mais déjà décadent au XIXe siècle) qui y était né vers le XVe siècle. Art du bronze et de l'ivoire, il avait eu pour but d'entourer le roi, l'Oba (fig. 20), d'un cadre propre à rehausser son prestige.

Incompréhension, choc des mentalités et finalement malentendu ont contribué à la catastrophe. Les Britanniques désireux de profiter du commerce de l'huile de palme s'étaient installés dans la seconde moitié du XIXe siècle sur la côte du Bénin. Mais l'Oba éludait toutes leurs approches et propositions d'entente, trouvant toujours des prétextes pour différer la signature d'un accord. Pour mettre fin à ces dérobades, un jeune consul général adjoint britannique, Jaimes R. Phillips, décida de se rendre malgré tout, sans armes, au palais de l'Oba, escorté de neuf Britanniques et deux cents porteurs noirs. L'Oba accepta de laisser venir les Blancs, mais fut débordé par ses chefs de tribus qui envoyèrent leurs hommes massacrer la petite expédition. L'Oba comprit alors que la guerre était inévitable. A titre de derniers recours, il multiplia dans le palais les sacrifices humains à ses ancêtres, ce qui n'empêcha pas l'arrivée d'une expédition de 1 500 Britanniques. La ville fut prise le 18 février 1897.

En y pénétrant, les Blancs découvrirent un spectacle atroce. L'Oba avait fui, la ville était pleine des cadavres muti-

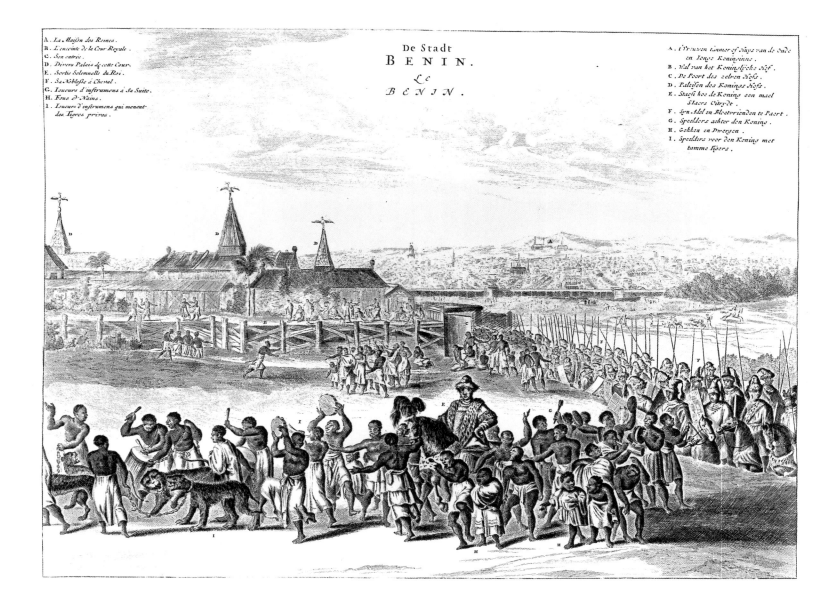

22. Vue (restituée) de la ville de Bénin
illustrant l'ouvrage "Description de l'Afrique" de Olfert Dapper (1686). Archives Musée Dapper, Paris.

lés de tous ceux qui avaient été sacrifiés. Deux jours plus tard, un incendie anéantissait les derniers restes.

L'Oba devait pourtant revenir, le 5 août, et manifester publiquement sa soumission en frottant trois fois son front contre le sol. Après une ultime tentative de fuite, il mourut en exil à Calabar seize ans plus tard. Depuis 1914, ses descendants ont retrouvé un semblant de pouvoir, mais l'art du bronze, malgré un indiscutable savoir-faire technique, a perdu son inspiration royale d'antan et s'est orienté vers la clientèle étrangère.

Désireux de ne pas voir son image ternie dans l'opinion mondiale, le Gouvernement britannique publia en 1897 un rapport précisant les problèmes : *Papers relating to the Massacre of British Officials near Benin and the consequent Punitive Expedition.* En plus des faits historiques rapportés, ce texte contient une liste des trésors royaux retrouvés dans le palais : pour les bronzes, de nombreuses têtes et statues, plusieurs centaines de plaques figurées et des sièges. Pour les ivoires, un grand nombre de défenses sculptées, des bracelets, et surtout deux statues de léopards.

Au début, les Britanniques furent déçus par le manque de métaux précieux et déconcertés par le style des objets dont ils percevaient la beauté sans pouvoir l'attribuer à une origine précise. A tout hasard, ils mentionnent l'Égypte ou la Chine.

Ces trésors, quelque deux mille quatre cents objets, furent alors dispersés à travers le monde et achetés par les grands musées d'Europe et des États-Unis.

Si les Britanniques avaient connu l'histoire du Bénin dans les siècles précédents, ils auraient mieux compris le sens de ce qu'ils découvraient. Le Bénin est en effet l'un des rares pays d'Afrique dont le passé soit éclairé par des récits de voyageurs. On sait que des Portugais, explorateurs et commerçants, y arrivèrent en 1485. Les transactions prospérèrent rapidement dans trois domaines : les esclaves, l'ivoire et le poivre.

Aux XVe et XVIe siècles, période des rois guerriers, les souverains du Bénin s'attachent à renforcer leurs pouvoirs spirituels. Ils s'efforcent de donner à la royauté des fondements sacrés impliquant la notion de droit divin doublé d'une puissance absolue et rehaussé par des cérémonies imposantes et une étiquette de cour.

Un médecin hollandais du XVIIe siècle, Olfert Dapper, nous a laissé de la ville de Bénin un tableau célèbre dans son ouvrage *Description de l'Afrique* (1668). Ce n'est pas le récit d'un témoin oculaire, lui-même n'était qu'un voyageur en chambre, mais il a réuni de nombreux témoignages valables et a produit le premier ouvrage de référence sur l'Afrique du XVIIe siècle.

A le lire, on sent d'abord la surprise suscitée par la taille de cette ville africaine de cinq lieues de périmètre, et surtout du palais de la reine mesurant trois lieues de circuit. L'ensemble est entouré d'une muraille de dix pieds, dans laquelle se trouvent plusieurs portes de huit ou neuf pieds de hauteur et cinq de largeur (fig. 21). Ensuite, Dapper est le

23. Défense sculptée.
Nigéria. Bénin.
Ivoire. XVIIIe siècle.
Museum für Völkerkunde,
Vienne. Photo : Musée
Dapper.

premier Européen à mentionner dans l'immense palais de larges galeries soutenues par des piliers en bois portant des plaques de laiton où sont représentées des scènes de la vie militaire de l'époque.

Dapper mentionne également la pompe entourant les apparitions de l'Oba : "Ce prince paraît une fois toutes les années en public, à cheval, couvert de ses ornements royaux, avec une suite de trois ou quatre cents gentilshommes [...] et une troupe de joueurs d'instruments [...]. On mène enchaînés quelques léopards apprivoisés et bon nombre de nains et de sourds qui servent de divertissements au roi" (fig. 22). Ce défilé n'est toutefois pas la seule cérémonie publique. "Il y a encore un autre jour où l'on fait voir à tous venants les trésors royaux qui consistent en jaspe et en corail et autres raretés."

En 1699, un autre voyageur hollandais, David Van Nyendael, nous donne enfin les impressions d'un témoin oculaire. La taille de la ville a alors beaucoup diminué et les pouvoirs de l'Oba sont réduits, car il n'est plus le chef de l'armée. Van Nyendael a vu dans le palais l'autel d'un ancêtre où se trouvaient onze têtes coulées dans du laiton et surmontées de défenses d'éléphants décorées.

Un dernier sursaut au XVIIIe siècle devait permettre à l'Oba Akenzua Ier de redresser la situation et de susciter un ultime renouveau artistique. Mais le déclin était amorcé, qui devait se terminer avec le massacre et l'effondrement de 1897.

Sur les autels des ancêtres, les têtes en "bronze"

Les objets trouvés dans le palais correspondent exactement aux descriptions des voyageurs. Ce sont tout d'abord des *Têtes d'Oba* en laiton (fig. 20), généralement désigné pourtant par le terme de "bronze" (voir note en fin de chapitre). Elles étaient placées à l'origine sur les autels des ancêtres pour servir de centre aux cérémonies et sacrifices commémoratifs. Il faut les voir non comme des portraits mais comme des supports de rites.

La surface des visages, lisse et tendue, leur forme dépouillée, réduite à quelques éléments significatifs, créent une impression d'élan harmonieux et de force juvénile. Juvénile, mais sûre d'elle, l'œil fixant l'avenir de toute la certitude de sa puissance, de toute la dignité de sa fonction

royale. Le souverain porte un haut collier de perles de corail et un bonnet plat tissé comme une résille de corail et rehaussé d'agates en relief. Symboles de souveraineté, ces perles étaient réservées à l'Oba, à la reine-mère et à quelques hauts dignitaires. Elles représentaient d'autres perles qui, selon les mythes, avaient été volées dans le palais d'Olokun, dieu des eaux. Chaque année, elles étaient dotées d'une nouvelle force vitale par le sang des sacrifices.

Au XVIIe siècle, la paroi en bronze des têtes s'épaissit. On économise moins le métal, car l'Oba vend de grandes quantités d'esclaves et reçoit en échange les "manilles" de laiton apportées par les Européens. La base des têtes est ourlée d'un large rebord parfois surmonté de petits animaux, afin d'obtenir un meilleur équilibre. On place en effet sur chaque tête une longue défense d'éléphant couverte de sculptures où s'allient thèmes mythologiques et traditions orales. Seul un petit cercle d'initiés en comprenait le sens (fig. 23).

Au milieu du XIXe siècle, la qualité des productions des bronziers baisse. Les traits sans vie sont figés par la reproduction mécanique des modèles, tandis que prolifèrent les éléments décoratifs secondaires, en particulier les "ailes" courbes placées de part et d'autre du visage sur ordre de l'Oba Osemwede (1816-1848) (fig. 24).

Les têtes de reines-mères (fig. 162, p. 172) ont suivi une évolution parallèle. Comme les Oba, elles avaient droit au réseau de perles, mais leur coiffure était conique, en "crête de coq". C'était d'ailleurs bien souvent un coq en bronze (fig. 25), qui se dressait sur leurs autels où il figurait autant un esprit protecteur qu'un espion des complots dynastiques.

La cour de l'Oba revit

Lorsque les œuvres du Bénin se répandirent en Europe, on put les mettre en rapport avec les descriptions de Dapper et constater l'exacte correspondance existant entre objets et textes. Toute une culture s'y trouve perpétuée et revit sous nos yeux.

Dapper mentionnait des "nains". On les a retrouvés, et des auteurs comme l'Allemand von Luschan et surtout William Fagg, ancien conservateur du département d'ethnographie du British Museum, rangent ces statues parmi les

25. Coq.
Nigéria. Bénin. XVIIIᵉ
siècle.
Laiton. H : 53 cm.
Museum für Völkerkunde,
Vienne. Photo : Musée
Dapper.
Réaliste et stylisé tout à la
fois, ce coq fort expressif
était placé sur l'autel
commémoratif d'une
reine-mère.

antiquités du Bénin les plus remarquables, tant pour le naturalisme qui les anime que pour la perfection de la fonte produisant une surface lisse et tendue, comparable à celle des meilleures *Têtes d'Oba.* Où situer l'origine, la date de pareille perfection ? Ife ou Bénin ? L'ambiguïté subsiste, mais le style réaliste est bien celui du Bénin.

Tout l'univers mental de ces *Nains* transparaît dans leur aspect physique. L'un (fig. 26) semble avoir pour rôle de dérider le prince. Des plaisanteries vont certainement fuser de ce visage de pince-sans-rire, tandis qu'un talon très légèrement décollé du sol laisse deviner une prochaine pirouette. L'autre *Nain* (fig. 27), au visage d'intellectuel, est immobile et semble philosopher. Chacun est dans son rôle.

Dans leur rôle aussi, ces *Messagers* (fig. 28 et page 11) tout pénétrés de leur importance et richement vêtus pour représenter dignement leur souverain. Il est probable que l'homme tenait à la main un marteau de fer en forme de L, ce qui l'identifierait comme un messager du roi d'Ife. Quant aux scarifications "en moustaches de chat", leur signification n'est pas certaine, on peut y voir des allusions au pelage de certains félins ou la marque d'une société secrète.

Toute la cour apparaît enfin sur le millier de plaques sculptées qui revêtaient les murs des galeries du palais au temps de Dapper. Supports de la mémoire collective, destinées à perpétuer le souvenir des campagnes militaires, des victoires et des grands personnages, elles pouvaient parfois se lire en continuité. Coulées aux XVIe et XVIIe siècles, époque où l'on disposait de grandes quantités de laiton, elles ont été déposées à la suite de l'incendie du palais royal, à la fin du XVIIe siècle, et n'ont jamais été remises en place. Les Britanniques les ont retrouvées enfouies "sous la poussière des générations" comme l'indique le compte rendu officiel.

Et pourtant, quelle merveilleuse bande dessinée ! Tout y est. D'abord l'Oba, en pied (fig. 29), dominant de la tête les dignitaires placés à sa droite et à sa gauche et qui, souvent, soutiennent symboliquement ses bras. Vêtements et armes sont soigneusement détaillés, et tout particulièrement l'épée cérémonielle, symbole de pouvoir. Plus petits, des musiciens complètent la suite du souverain, jouant de grelots, castagnettes ou trompes.

26. Statue d'un Nain de la cour.
Nigéria. Bénin. Fin XIVe-début XVe siècle. Laiton. H : 59,5 cm. Museum für Völkerkunde, Vienne. Photo : Musée Dapper.

28. Statue d'un Messager.
Nigéria. Bénin. Fin XVIe-
début XVIIe siècle.
Laiton. H : 60 cm.
Museum für Völkerkunde,
Vienne. Photo : Musée
Dapper.

Page de droite

27. Statue d'un Nain de la cour.
Nigéria. Bénin. XIIIe-XVe
siècles.
Laiton. H : 59 cm.
Museum für Völkerkunde,
Vienne. Photo : Musée
Dapper.

31. Plaque représentant un cavalier.
Nigéria. Bénin. XVIIe siècle. Laiton. H : 35 cm. L : 29 cm. Museum für Völkerkunde, Vienne. Photo : Musée Dapper. Mystérieux cavalier représenté (ce qui est inhabituel) de manière asymétrique.

Page de droite

29. Plaque représentant un Oba entouré de dignitaires et de musiciens.
Nigéria. Bénin. H : 38,5 cm. L : 39 cm. XVIIe siècle. Museum für Völkerkunde, Vienne. Photo : Musée Dapper.

Ailleurs, *Le Sacrifice du taureau* marquant les funérailles d'un Oba permet d'apercevoir le prêtre et ses assistants dans l'exercice de leurs fonctions (fig. 30).

On est plus surpris par une plaque représentant un *Cavalier* (fig. 31) aux vêtements inhabituels. C'est surtout sa coiffure qui intrigue. On a vu en lui, successivement, le souverain d'un peuple voisin ami, ou même Oranmyan d'Ife, un ancêtre Yoruba mythique qui avait introduit les chevaux au Bénin. Le mystère toutefois reste entier. La plaque représentant un *Commerçant européen* (fig. 32) est heureusement plus facile à interpréter ; la barbe et les cheveux lisses sont sans ambiguïté, tout comme les manilles de laiton que l'homme apporte en échange des cargaisons qu'il remportera.

Les images de dignitaires, très nombreuses, n'étaient pas des portraits mais rappelaient certainement aux contemporains des personnages précis que, malheureusement, nous ne savons plus identifier. Ils sont devenus de simples archétypes.

Indépendamment de leurs sujets, on distingue sur ces plaques des styles de représentation fort divers. A côté d'images frontales stylisées *(L'Oba avec des dignitaires),* on sent parfois l'embarras du bronzier face à un problème qu'il ne sait pas résoudre *(Le Sacrifice du taureau).* L'artisan juxtapose alors des points de vue opposés comme le ferait un artiste contemporain. Parfois aussi apparaît une recherche de mouvement et de volume *(Portrait du cavalier)* impliquant dissymétrie et profondeur. Certaines influences européennes sont possibles, véhiculées jusqu'au Bénin par les petits catéchismes et images de piété apportés par les missionnaires.

Le fond des plaques est toujours parsemé de croix encerclées ou de trèfles à quatre feuilles qui pourraient être des signes cosmologiques relatifs à la création du monde. De même, la rosace placée dans le coin des plaques ferait référence au soleil et à Olokun, dieu des eaux qui absorbe l'astre à son coucher. Cette valeur mythique mise en évidence par A. Duchâteau, conservateur en chef du département d'Afrique noire au Museum für Völkerkunde de Vienne, interdit de considérer ces motifs comme de simples éléments de remplissage et les rattache au thème de la divinisation de l'Oba, agissant comme intermédiaire entre son peuple et les forces du monde surnaturel dont il serait l'émanation terrestre et la personnification.

30. Plaque représentant le sacrifice d'un taureau. Nigéria. Bénin. Laiton. H : 51 cm. Londres, British Museum.

Des animaux très importants

Cette volonté de symbolisme, ce rappel réitéré des mythes se manifestent également dans les nombreuses images d'animaux apparaissant sur toutes sortes d'objets. Les peuples d'Afrique noire, restés très proches de la nature, ont tissé dès les origines avec le monde animal un réseau de relations privilégiées qui unissent mythes, proverbes et sagesse populaire. Tous les animaux représentés participent à la symbolique de la puissance de l'Oba qui règne sur terre et intercède auprès d'Olokun. Les créatures semi-aquatiques sont privilégiées. Le crocodile fait figure de gendarme. Le serpent se retrouve partout. Messager et compagnon de jeux d'Olokun, il orne les insignes guerriers comme les vases et même les toits des portes du palais. Le poisson est symbole de paix et de fertilité. Le souverain était souvent représenté avec des jambes de poisson-silure, peut-être parce qu'un ancien Oba, paralysé des jambes dès l'âge de 25 ans, avait su dissimuler cette infirmité en créant un mythe : les jambes de l'Oba ne doivent jamais toucher le sol sous peine des pires malheurs. L'union de la terre (l'Oba) et de l'eau (Olokun) est également personnifiée par la *Grenouille* qui orne un splendide pendentif (fig. 33).

Les Oiseaux, déjà à l'époque de Dapper, semblaient veiller sur le palais royal. Ils symbolisent l'opposition entre le jour et la nuit, le bien et le mal. L'un d'eux, un *Ibis* hiératique, poursuit sa garde sur une plaque (fig. 34).

Mais le maître incontesté de tous, grand succès des sculpteurs qui l'ont si souvent représenté est le *Léopard* (fig. 35). En bronze, en ivoire, il est partout ; puissant, féroce, crocs aiguisés, croupe ondulante, pattes de velours et somptueuse fourrure tachetée, il symbolise l'Oba qui sait modérer sa puissance illimitée. Seuls le souverain ou ses chasseurs avaient le droit de tuer un léopard, dans un but strictement sacrificiel. D'autres léopards domptés défilaient chaque année dans le cortège de l'Oba, preuves de la puissance du souverain, même sur ces maîtres de la forêt.

Des origines mystérieuses

Silhouettes humaines ou animales, de bronze autant que d'ivoire, toutes ces œuvres, par leur perfection même, posent le problème des origines de cet art. Ce sont les périodes les plus anciennes, XVIe et XVIIe siècles qui nous offrent les plus belles créations. Au XVIIIe siècle et surtout au XIXe, on constate une relative dégénérescence.

Les œuvres du XVIe siècle qui nous sont parvenues paraissent déjà parfaitement abouties, les techniques totalement maîtrisées. Où donc s'est fait l'apprentissage ? Où chercher les tâtonnements ?

L'existence de "bronzes au plomb" est très ancienne sur le continent africain. Elle est attestée dès le VIe siècle au Sénégal et aux VIIIe-IXe siècles en Maurétanie. Mais il faut surtout mentionner les nombreux objets en bronze fondus à la cire perdue retrouvés dans le village d'Igbo-Ukwu. Datés du Xe au XVe siècle selon les spécialistes, ils surprennent par leur complexité étonnante et le raffinement de leur décoration. Mais leur style diffère profondément de celui du Bénin. En fait, il ne ressemble à nul autre et, pour cette raison, les objets d'Igbo-Ukwu ne sont généralement pas retenus comme précurseurs des œuvres du Bénin.

Il en va différemment de la ville d'Ife, distante d'environ 200 kilomètres, où s'était développé, du XIIe au XVe siècle un art prestigieux. Le chef noir Jacob Egharevba a publié en 1968 le résultat de ses recherches sur les mythes et traditions du Bénin, qui tendraient à prouver que la dynastie du Bénin fut établie à partir d'Ife vers le XIVe siècle. Un problème de succession dynastique aurait amené les habitants du Bénin (qui s'appellent les Edo) à prier le roi d'Ife d'envoyer un prince pour gouverner le Bénin. Pour surmonter des résistances locales et se faire mieux accepter par le peuple, celui-ci aurait pris une femme Edo. Malgré ses liens avec le royaume d'Ife, le fils de ce premier prince avait donc le droit de gouverner les Edo puisque sa mère était des leurs. Par la suite, la reine-mère devait garder au Bénin une situation privilégiée.

32. Plaque représentant un Européen entouré de manilles.
Nigéria. Bénin.
Laiton. H : 46 cm.
L : 34 cm. Fin XVIe siècle.
Museum für Völkerkunde, Vienne. Photo : Musée Dapper.
Les manilles de laiton servaient de monnaie d'échange dans le commerce des esclaves.

33. Pendentif avec une grenouille en relief.
Nigéria. Bénin. Fin XVIIᵉ siècle.
Laiton. H : 12,5 cm.
L : 10,5 cm. Museum für Völkerkunde, Vienne.
Photo : Musée Dapper.

Page de droite

34. Plaque représentant un oiseau mythologique avec un long bec.
Laiton. H : 41 cm.
L : 17 cm. XVIIᵉ siècle.
Museum für Völkerkunde, Vienne. Photo : Musée Dapper.

Selon la tradition, à la mort du premier Oba, on envoya sa tête à Ife pour l'y inhumer, et Ife fit parvenir en retour une tête en bronze destinée à l'autel des ancêtres. Vers la fin du XIVᵉ siècle, le roi du Bénin demanda à celui d'Ife de lui prêter un bronzier susceptible d'enseigner cet art à son peuple. L'artiste venu d'Ife, nommé Ighe-Igha ou Ighea, se trouva face à des artisans déjà évolués. Ils savaient depuis le XIIIᵉ siècle obtenir du laiton et le travailler par martelage ou gravure en creux. C'était la technique de la fonte qui leur posait problème. Ils savaient aussi fabriquer pour les autels ancestraux des familles nobles des têtes en bois ou en argile. Ils allaient désormais transposer dans le bronze les schémas et l'esthétique qui leur étaient propres. Une *Tête* en bronze datée du XVᵉ siècle, conservée au musée national de Lagos et représentant probablement un Oba, se révèle très proche d'une *Tête* en terre cuite de la même époque (également au musée de Lagos), retrouvée sur l'autel commémoratif d'Ighe-Igha et qui ne représente donc pas un Oba. Cette dernière tête est typique de l'art du Bénin et ne pourrait en aucune manière être rattachée à Ife, bien qu'elle soit en terre cuite.

Toujours selon la tradition, on avait jadis l'habitude au Bénin de décapiter les rois vaincus pour remettre leur tête à l'Oba, qui en faisait réaliser une réplique par ses fondeurs. Il pouvait arriver que le fils d'un souverain rebelle montât quand même sur le trône. L'Oba, désireux de rappeler au fils les dangers auxquels son père s'était exposé par son insoumission, lui envoyait alors le portrait en bronze de son père. Les têtes-trophées du début du XVIᵉ siècle peuvent ainsi représenter des témoignages de victoires des souverains guerriers.

La très belle et rare *Tête* de la collection Barbier-Mueller de Genève (fig. 36), qui est datée de la première période du royaume du Bénin, avant 1550, peut être vue soit comme une tête de roi défunt, destinée à un autel commémoratif (elle ne mesure que 21 cm de hauteur), soit comme celle d'un souverain vaincu. Elle montre de toute façon la perfection technique à laquelle étaient parvenus les fondeurs du Bénin et l'élégante stylisation qui haussait leurs œuvres très au-dessus du niveau de la simple copie réaliste.

Bronziers et ivoiriers

La technique enseignée selon la légende par Ighe-Igha aux fondeurs du Bénin était celle de la fonte à cire perdue (voir note en fin de chapitre). Bien que délicate, elle permettait d'obtenir des œuvres d'une très grande finesse, parfois de 1 mm d'épaisseur seulement, car il était impératif, au XVIe siècle, d'économiser un métal fort rare. Par la suite, les importantes quantités d'alliage nécessaires aux bronziers furent fournies pour une part par le tribut auquel étaient soumises les populations conquises et pour une autre part par le commerce avec l'Europe.

Un autre corps d'artisans remarquables travaillait pour l'Oba. C'étaient les ivoiriers, souvent venus de la ville voisine d'Owo. Ils étaient les auteurs des parures de cérémonie du roi, chefs-d'œuvre de raffinement et de savoir-faire technique, comme ce *Brassard* (fig. 37) composé de deux cylindres sculptés dans une seule défense et pouvant tourner séparément. Ou encore ce *Masque* lourd d'humanisme (fig. 38), attribut de l'Oba au faîte de sa puissance. En 1897, les Britanniques trouvèrent dans la chambre du souverain un coffre rempli de ces ornements.

Quant aux léopards dont nous avons dit l'importance symbolique, ils ont été interprétés autant par les bronziers que par les ivoiriers.

Ces deux corps de métier étaient soumis à une réglementation stricte. Le bronze était exclusivement réservé à l'Oba et à sa famille. Les ivoiriers, au contraire, œuvraient en priorité, mais non exclusivement pour le roi. Les riches notables étaient autorisés à leur commander des travaux. Chaque fois qu'un éléphant était abattu par les chasseurs, l'Oba recevait d'autorité une défense et pouvait acheter l'autre en priorité. Bronziers et ivoiriers, groupés en guildes, étaient tenus de résider dans une certaine partie de la ville, où ils étaient facilement surveillés par les fonctionnaires du palais.

Au Bénin, en effet, l'art du bronze et de l'ivoire a toujours été un art royal, royal par sa destination, royal par le niveau élevé de ses créations.

Ci-dessus et page de droite

35. Léopards.
Nigéria. Bénin. Copies du
XIXᵉ siècle de modèles
antérieurs.
Ivoire. H : 81,5 cm.
Londres, British Museum.
Prêtés par la Reine.
Ces léopards étaient pla-
cés aux côtés de l'Oba
dans ses apparitions en
grand apparat. Chaque
animal est fait de cinq
défenses, les yeux sont
en miroir et les taches
sont des disques de
cuivre.

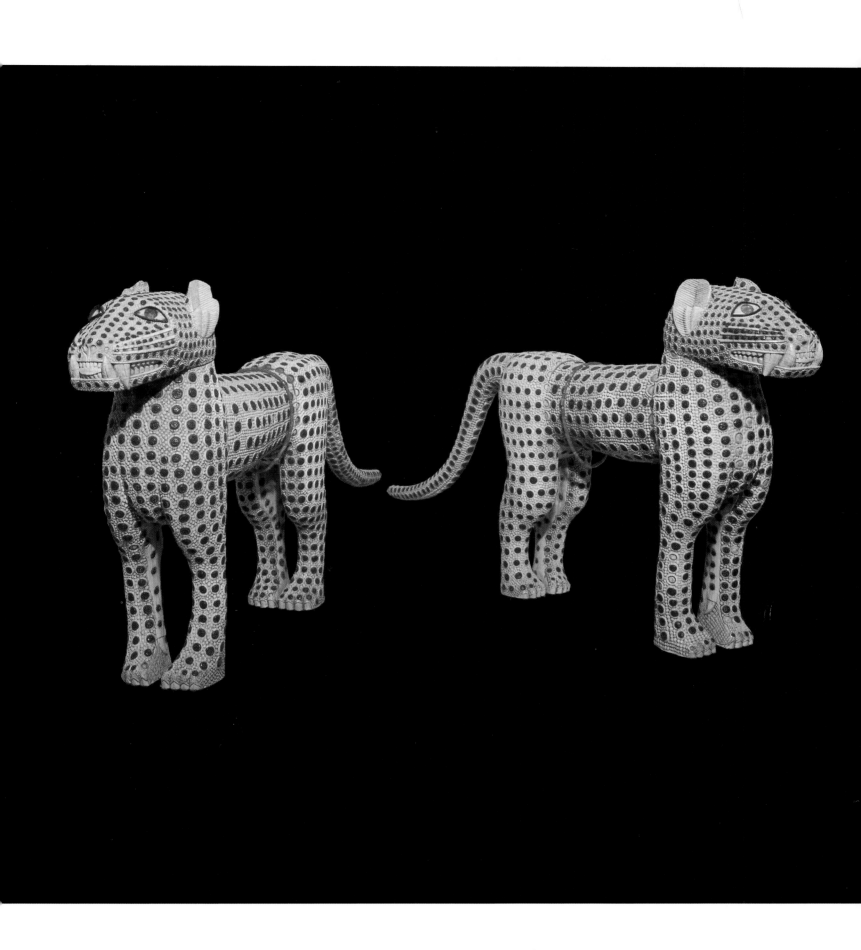

**37. Manchette cylin-
drique à double paroi
sculptée de figures
stylisées.**
Nigéria. Bénin. XVIIIe
siècle.
Ivoire. H : 11,3 cm.
D : 9,5 cm. Origine :
Owo. Museum für
Völkerkunde, Vienne.
Photo : Musée Dapper.

Page de droite

**36. Tête de roi défunt
ou de souverain vaincu.**
Nigeria. Bénin.
Laiton. H : 21 cm. Ière
période : avant 1550.
Musée Barbier-Mueller,
Genève.

La technique de la fonte à la cire perdue

Pour la fabrication d'objets métalliques, la technique de la fonte à la cire perdue peut s'employer aussi bien pour le bronze (ou laiton) que pour l'or.

1. Pour un petit objet ou un bijou, l'artisan fait un modèle de son œuvre en cire.

1 bis. Si l'objet est de grande taille et doit comporter un vide, le fondeur prépare un noyau central composé d'un mélange d'argile et de charbon de bois de la forme voulue, puis il applique sur ce noyau de la cire et en sculpte finement la surface.

2. L'artiste ajoute un prolongement en cire destiné à conduire le métal fondu.

3. L'âme en cire est alors recouverte de fine argile pulvérisée et mouillée en veillant à respecter les formes des motifs de surface.

4. Avec de la glaise moins fine mêlée de kapok, le fondeur réalise un moule de toute l'œuvre.

5. Le moule est mis à chauffer. La cire s'écoule. Elle est remplacée par du métal liquide qui remplit l'espace laissé vide.

6. Après refroidissement, le moule est brisé pour dégager l'œuvre. Il ne peut donc servir qu'une fois.

Bronze ou laiton ?

L'alliage utilisé pour ces fontes était constitué d'environ 75 % de cuivre, 20 % de zinc, 1,5 à 2 % de plomb et 0,80 % d'étain. Ce n'est donc pas, en termes techniques stricts, du bronze mais du laiton. Cependant, par habitude, on continue à parler des "bronzes" du Bénin.

Un peu de géographie

L'actuel État du Bénin ne correspond pas au Bénin ancien. Celui-ci se trouvait dans ce qui est de nos jours le Nigéria.

Ci-dessus et page de droite

38. Masque.
Nigéria. Bénin.
Ivoire. The Metropolitan
Museum of Art, New
York.
L'Oba portait sans doute
ce masque en ivoire
accroché à sa hanche
durant une cérémonie en
l'honneur de sa mère
défunte. Mais on ne sait
pas qui il représentait. On
a pensé à une femme car
le nombre des marques
surorbitaires est au Bénin
de trois pour les hommes
et de quatre pour les
femmes. La tête est cou-
ronnée de têtes de
Portugais. On a donc
supposé qu'il pourrait
s'agir d'Idia, mère du roi
Esigié qui régnait au
moment de l'arrivée des
Portugais au Bénin.

L'art des cours
du
Cameroun

Au Cameroun, le pouvoir politique se répartit en unités d'importance inégale. A côté de grands royaumes puissants, comme ceux des Bamoum et des Tikar, on trouve dans la région nord-ouest, le Grassland, de nombreuses chefferies de taille réduite.

Les styles artistiques, d'une complexité foisonnante, ne sont pas forcément liés aux limites des ethnies. Parmi celles-ci, le grand groupe des Bamileke aux nombreuses subdivisions (les Bangwa par exemple), a été refoulé sur les hauts plateaux du Cameroun central par les Bamoum en pleine expansion au tournant du siècle. Mais ils ont tous été à l'origine d'une production artistique riche et variée.

Les chefferies sont des sortes de petits États-nations dont les institutions sont bien définies, mais varient d'une chefferie à l'autre. En général, le chef assisté de conseillers gouverne le pays et fait exécuter ses ordres par diverses sociétés secrètes ou confréries (confrérie de la Nuit chez les Bangwa par exemple), regroupant des princes, des notables, des fonctionnaires et gardes du palais. Chaque confrérie possède ses masques et ses instruments de musique.

La société est partout très hiérarchisée, avec une forte stratification sociale. On ne pratique pas le même art au palais du roi et dans les villages. Dans les chefferies du Grassland, ce chef, ce roi, s'appelle "Fon". Il réside avec sa

Page de gauche

39. Détail d'un poteau de case
Chefferie de Bamali, plaine de Ndop (nord-ouest du Cameroun). Bois sculpté. Photo : Louis Perrois.
Les personnages sont superposés verticalement. A noter la facture particulière de la sculpture où les formes sont allongées, comme étirées dans la masse du bas.

41. Masques funéraires de Bafandji utilisés pour les funérailles des Fon.
Photo : Louis Perrois.

Page de droite

40. Statue royale.
Cameroun. Bangwa.
H : 102 cm. The Metropolitan Museum of Art, New York.
On distingue sur cette statue les attributs royaux traditionnels : le collier royal, la pipe dans la main gauche et la calebasse dans la main droite.

cour dans la capitale qui, de ce fait, devient un centre religieux et culturel. On trouve dans le palais royal la case où sont conservés les crânes des ancêtres du Fon. Leur possession est essentielle pour légitimer son pouvoir et il leur rend périodiquement un culte. Au Cameroun, comme dans le reste de l'Afrique noire d'ailleurs, le culte des morts joue un rôle important comme fondement de la religion traditionnelle. Même en dehors du palais, les crânes des défunts notoires sont conservés et reçoivent des offrandes propitiatoires. Dans le palais se trouve également la case qui contient le trésor de la chefferie comprenant les statues des rois précédents, les trônes, les masques et instruments de musique sacrée.

Le Fon, dans chaque chefferie, a atteint le sommet de la hiérarchie de toutes les confréries. On lui suppose aussi des pouvoirs magiques lui permettant de se transformer en panthère, buffle, python ou éléphant. Sa puissance est également fondée sur une force militaire qui lui permet, à l'occasion, d'annexer une chefferie voisine plus faible et d'obtenir le paiement d'un tribut qui contribuera à financer le faste de la cour.

Le palais royal est le foyer d'où rayonne l'art. Mais il faut bien réaliser qu'il y a au Cameroun des centaines de chefferies, ce qui établit une différence fondamentale entre ces principautés de taille réduite et les grands royaumes contemporains du Dahomey ou du Bénin disposant de moyens financiers très supérieurs. En dépit de ce morcellement, le Cameroun a été, depuis une date reculée, un foyer artistique particulièrement fécond, l'un des grands centres créateurs de l'Afrique noire.

Le travail du bois, du métal et de la poterie se trouvait aux mains de professionnels qui se transmettaient de père en fils les secrets du métier et jouissaient de l'estime générale. Parfois, le Fon et les princes eux-mêmes ne dédaignaient pas de participer aux créations artistiques, par exemple la sculpture sur bois pour le Fon de Babanki, ou la conception de motifs décoratifs de tissus pour le roi Njoya des Bamoum.

Le travail du bois atteignait souvent des proportions monumentales, permettant de créer des éléments d'architecture, chambranles sculptés ou encadrements de portes pour les demeures des chefs ou des sociétés secrètes (fig. 39). Chez les Bamileke, ces décorations sculptées étaient des marques de prestige réservées aux notables. Dans ces compositions,

42. Statue provenant de la chefferie de Mandankwé.
Photo : Louis Perrois.

on distingue souvent la femme du chef, de face, parmi des animaux à valeur mythique : la tortue qui joue un rôle dans les ordalies, l'araignée nécessaire aux rituels divinatoires, les animaux aquatiques, caïmans et serpents, symboles de fécondité, et surtout la panthère, animal royal. Personnages et animaux sont juxtaposés en files, horizontales ou verticales.

L'art de la statuaire proprement dite était plus orienté vers la cour, son désir de parure et de représentation, que vers les rites religieux. A son avènement, chaque Fon faisait réaliser sa propre statue ainsi que celle de l'épouse qui lui avait donné son premier enfant. Ces statues n'étaient pas destinées aux cultes ancestraux, c'étaient des portraits commémoratifs (fig. 40). Debout ou assis sur un siège sculpté, les rois tiennent différents attributs, pipe ou corne à libations et brandissent un coutelas ou un crâne d'ennemi. Les formes sont amples, le réalisme dynamique, la silhouette lourdement équilibrée sur des jambes écartées. Les reines, présentant parfois des signes de grossesse, sont debout et ont pour attributs une calebasse à vin ou une flûte de bambou.

Les statues et objets en bois sont très souvent perlés sur toute leur surface au moyen de perles de verre ou de cauris cousus sur un tissu recouvrant totalement la statue. Cette technique répondait à l'amour de la polychromie, très fort chez les habitants du Cameroun.

Les trésors des Fon

Chaque Fon important possédait un trésor qui constitue souvent une fort belle collection. Louis Perrois, directeur de recherche à l'ORSTOM, est allé sur le terrain avec son équipe inventorier ces richesses ignorées.

Dans le Grassland du Nord, le Fon de Bafandji détenait l'un des plus importants trésors pour la beauté et l'ancienneté des pièces. On y trouve en particulier des *Masques* (fig. 41), utilisés lors des funérailles du Fon. Ils se révèlent originaux par leur tendance à une décomposition abstraite. Comme l'explique Louis Perrois : "Les éléments du visage sont décomposés et restitués dans un ordre symbolique rappelant l'appartenance du Fon au Conseil des neuf notables." Les protubérances surmontant le visage sont des évocations du couvre-chef royal qui se rencontre sur certaines statues.

Le Fon de Mandankwé régnait sur une chefferie de taille réduite, à proximité de la ville de Bamenda. Dans son trésor, une *Statue royale perlée* (fig. 42 et 43) représente un homme assis, dont la coiffure d'apparat et le vase rituel qu'il tient de la main droite permettent de penser qu'il s'agit d'un Fon.

Les Fon de Babungo, au nord-ouest du pays, conservent un trésor qui compte des milliers d'objets. Cette "collection", la plus importante en quantité, constitue un vrai "musée des traditions". On y admire des trônes perlés à dossiers anthropomorphes, des masques, des éléments architecturaux et des récipients, tous destinés à créer autour du Fon un cadre prestigieux.

Le Fon de Kom (fig. 44) peut s'enorgueillir de posséder dans son palais de Laïkom les plus célèbres et les plus belles statues royales du Cameroun, fleurons d'une remarquable collection d'objets de toutes sortes, allant de la statuaire aux pipes. C'est à Laïkom que se trouvent les trois grandes statues perlées représentant l'Afo-a-Kom et deux femmes. Il s'agit là d'un art doublement monarchique puisque ces statues, réalisées sous le règne du septième Fon de Kom (entre 1865 et 1912), seraient l'œuvre du Fon lui-même et de deux princes. La *Statue* masculine (fig. 45 et 46) passe pour être le portrait du Fon Nkwain Nindu qui occupa le trône de 1825 à 1840. A l'origine, les statues féminines d'une reine-mère (fig. 47) et de l'épouse du Fon étaient complétées par trois autres statues qui représentaient un enfant et deux serviteurs du Fon.

Presque grandeur nature, ces statues sont en fait des dossiers de sièges anthropomorphes, ce qui était traditionnel au Cameroun. Elles symbolisent la prospérité et la puissance de la chefferie. Elle sont présentées au peuple à l'occasion de la grande danse annuelle et pour les funérailles royales. Le peuple camerounais témoigne à ces œuvres un amour et une vénération intenses, qui se sont manifestés en particulier lorsque les trois statues, volées en 1966, ont été retrouvées aux États-Unis avant de faire un retour triomphal à Laïkom.

Pleines de dignité et de sérénité intemporelles, ces figures sont des portraits idéalisés, bien faits pour traverser les siècles porteurs d'un humanisme de haut niveau. Elles comptent parmi les chefs-d'œuvre de l'art de l'Afrique noire.

43. Détail de la statue de Mandankwé.
Photo : Louis Perrois.

44. Le Fon de la chefferie de Kom.
Photo : Louis Perrois.
Le Fon assis est entouré du trésor royal de la chefferie. Sur la droite de la photo, on voit les trois célèbres statues représentant l'Afo-a-Kom et deux femmes. A gauche, d'autres statues des rois précédents et des instruments de musique sacrée (cloches et gongs).

A proximité de Laïkom, la chefferie d'Oku a produit des *Masques ngon* (fig. 48) représentant des têtes de princesses d'un style comparable à celui des statues de l'Afo-a-Kom. Au lieu du perlage, leur surface est revêtue de feuilles de laiton.

Les Bamoum et le roi Njoya

Les Bamoum, peuple dynamique venu du nord en conquérant il y a deux ou trois siècles, ont repoussé les Bamileke vers les montagnes de l'ouest et se sont installés dans les savanes de haute altitude. A partir de leur capitale Foumban, ils ont organisé un royaume unifié et fort, parfois même conquérant. L'art Bamoum tend vers la dramatisation, la puissance et le luxe somptueux. On n'y trouve pas le raffinement des meilleurs œuvres des Bamileke, mais il a été à l'origine de très belles créations.

Les Bamoum ont eu la chance d'avoir à leur tête un homme exceptionnellement intelligent et grand amateur d'art, le roi Njoya, dont le long règne, de 1886 à 1933, a permis des réalisations d'envergure.

Mis en contact avec d'autres civilisations que la sienne, Njoya a su en tirer le meilleur sans perdre l'identité bamoum. D'abord converti à l'islam, il opte en 1902 pour le christianisme durant l'occupation coloniale allemande. En 1915, au départ des Allemands, il redevient musulman, puis s'intéresse de nouveau au christianisme sous l'influence de missionnaires protestants français. Ces allées et venues aboutissent à une création originale : Njoya fonde une nouvelle religion, dont la base sera un condensé rédigé par lui de la Bible et du Coran.

Ayant compris l'importance de l'écriture, il a fait mettre au point par ses scribes une écriture permettant de transcrire la langue Bamoum, une langue à tons. Il est enfin à l'origine du premier véritable musée créé par un Africain, le musée de Foumban, où sont conservés des statues et objets provenant du trésor royal ainsi que d'autres objets rassemblés sur ses ordres : statuaire, masques, armes, trophées de guerre, symboles sacrés du pouvoir et insignes de sociétés secrètes. Maintenant accompagné d'un catalogue, le musée de Foumban contribue à perpétuer le souvenir de l'art Bamoum.

Nous n'avons malheureusement pas pour le roi Njoya de statue équivalente à l'Afo-a-Kom. Mais des photographes allemands présents à Foumban avant 1915 ont accumulé sur la famille royale une importante documentation maintenant conservée au musée d'Art africain de Washington. On y admire la vie raffinée d'une cour nombreuse qui, au début du siècle, avait su allier à ses traditions ancestrales le meilleur de l'influence européenne.

C'est également à Washington que se trouve une statue perlée, sans doute *Effigie* commémorative d'un personnage de la cour (fig. 49), datée des alentours de 1908. D'après les recherches les plus récentes, elle aurait été réalisée à l'instigation du roi Njoya pour commémorer la mort du capitaine Glauning, officier colonial allemand mort dans un combat contre les Tiv en 1908. L'emploi de perles allongées bleues a

45. Statue de l'Afo-a-Kom de Laïkom.
Photo : Louis Perrois.
Cette statue en bois en grande partie revêtue de perles est une statue-trône.

47. Détail de la statue féminine d'une reine-mère (?)
du trésor de la chefferie de Laïkom (Afo-a-Kom). Photo : Louis Perrois.

48. Masque Ngon
de la chefferie installée sur le versant du Mont Oku. Tête de Princesse en bois plaqué de laiton ancien. Photo : Louis Perrois.

permis à l'artiste d'insister sur le schéma linéaire bleu sur fond blanc. Le visage, non réaliste, est très expressif.

Une autre petite *Statue perlée* du Musée de l'Homme de Paris (fig. 50), également d'origine Bamoum, est malheureusement moins bien documentée.

Pipes et sièges de prestige

Chez les Bamileke comme chez les Bamoum, le siège symbolise le pouvoir et le rang social. Le trône est fabriqué à l'avènement d'un nouveau chef en même temps que la statue royale. Le siège repose sur une forme animale ou féminine ; le dossier est constitué des statues d'un ou deux personnages.

Le trône du roi Njoya, conservé au Museum für Völkerkunde de Berlin, avait été offert à l'Allemagne par le souverain lui-même. Il est entièrement perlé avec une dominante de tons bleus, bruns et noirs rehaussés de cauris blancs. Soutenant le siège, on distingue plusieurs serpents à deux têtes, symboles de la puissance du chef.

Le roi avait aussi un *Siège de voyage* (fig. 51) sans dossier. On y distingue, servant de cariatides, une suite de serviteurs se tenant par l'épaule, défilé qui imite celui qui se trouve sur le marchepied du grand trône. Les visages des personnages, couverts de feuilles de cuivre, sont proches des masques *njah* qui apparaissent pour certaines fêtes. Autour du siège couvert de cauris, la bordure ornée de triangles est une évocation du léopard royal au pelage ocellé.

A la cour, les membres de la famille royale, les dignitaires et les grands initiés des confréries avaient chacun droit à un siège indiquant leur rang social. Un grand *Siège à dossier* (fig. 52), malgré son aspect somptueux, ne semble pas avoir été destiné au roi Njoya mais à la reine-mère, second personnage de l'État. A la base du siège comme sur le dossier figure le symbole royal du serpent à deux têtes.

Dans le monde des pipes, il existait d'innombrables variantes (fig. 53 et 54). Les pipes en laiton, fort belles, étaient souvent coulées à la cire perdue par les Tikar, spécialistes des arts du métal. Mais la majorité des pipes étaient façonnées en argile à Bamessing, principal centre de poterie. Cet art était exclusivement réservé aux hommes.

54. Pipe de chef.
Cameroun, Grassland.
Bamoum.
Argile, tuyau perlé.
Longueur totale : 110 cm.
Musée Ethnographique,
Anvers.

La taille et le décor de la pipe étaient régis par un code strict selon le rang et la richesse de l'heureux possesseur : motif géométrique simple pour un homme du commun, motif anthropomorphe pour les hauts dignitaires ou membres de la famille royale, motif zoomorphe si le propriétaire était membre d'une société secrète ou avait des liens totémiques avec l'animal représenté. Chez les Bamoun, le roi Njoya avait l'habitude d'offrir comme cadeau de mariage des pipes en terre ou en laiton, dont le fourneau au décor très complexe se prolongeait par un tuyau au revêtement de perles polychromes. Dans la partie sculptée, les motifs les plus fréquents sont une tête humaine aux joues gonflées et une suite d'araignées à six pattes, insectes à valeur mythique.

Les grandes dimensions de certaines pipes interdisaient de les utiliser. Ce n'étaient que des objets de prestige. Seules les autres, plus petites, dites "pipes de voyage", étaient réellement allumées.

Aux sièges et pipes, il faudrait ajouter une longue liste d'objets de luxe comme des chasse-mouches ou des cornes à boire, destinés à affirmer le prestige des chefs ou des rois. Conservés dans les trésors des chefferies, au musée de Foumban ou dans les grands musées des États-Unis et d'Europe, tous permettent d'entrevoir le haut niveau des créations artistiques et artisanales du Cameroun dans les temps passés.

53. Pipe en laiton avec tête d'éléphant.
Cameroun. Bamoum.
Museum Rietberg, Zurich.

Page de droite

46. Détail, tête de la grande statue du Fon Nkwain-Nindu (1825-1840), Afo-a-Kom
Chefferie de Laïkom (nord-ouest du Cameroun). On remarque les perles tubulaires anciennes et le revêtement métallique du visage. Photo : Louis Perrois.

A gauche

49. Statue polychrome commémorative.
Cameroun. Bamoum. Vers 1908.
Bois, cuivre, perles de verre et cauris. Museum of African Art, Washington D. C.

A droite

50. Statue perlée.
Cameroun. Bamoum. Perles, cauris, étoffe. H : 35 cm. Musée de l'Homme, Paris.

51. Grand siège.
Cameroun. Bamoum.
Donné par le roi Njoya à
un officier allemand vers
1905.
Bois, cauris, perles,
feuilles de cuivre martelé.
H : 57. Musée Barbier-
Mueller, Genève.

Page de droite

52. Siège à dossier.
Cameroun. Bamoum.
Bois, perles, cauris,
feuilles de cuivre martelé.
H : 120 cm. Musée
Barbier-Mueller, Genève.

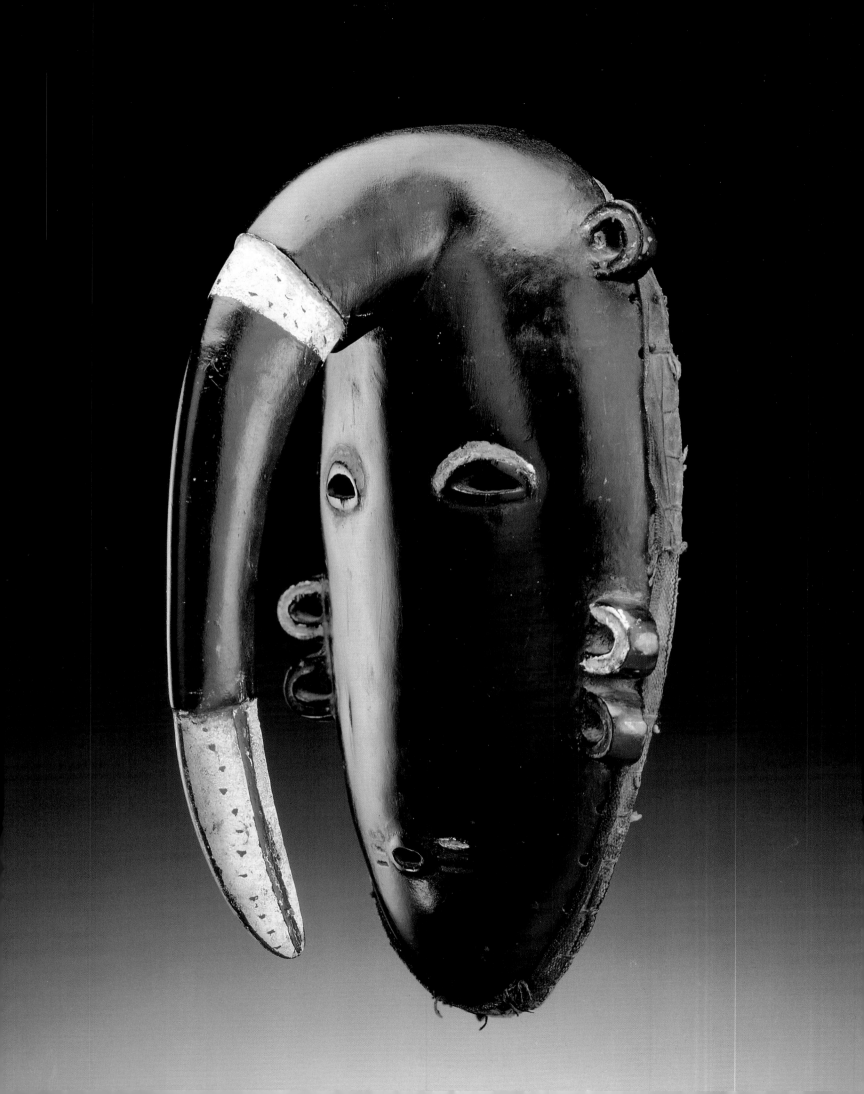

Masques et danses
pour faire vivre
les mythes

Prisonnier d'une vitrine, cloué au mur comme une chouette à la porte d'une grange, le masque est un objet mort. Il était à l'origine indissociable d'un costume en tissu ou raphia, indissociable de la musique, des rythmes, des chants, des sacrifices et de tout le rituel qui l'escortaient et l'animaient. Immobile et solitaire, privé des échasses qui souvent le hissaient jusqu'à un registre de vie hors normes, il a perdu son sens.

Mais quel est son sens ? A quel but répond-il ? Le monde des masques est aussi complexe, proliférant et inextricable que la forêt équatoriale, mais on peut tenter de dégager quelques fils conducteurs. Observons d'abord, avec Marie-Noël Verger-Fèvre, attachée de recherche au département d'Afrique noire du Musée de l'Homme, l'arrivée du masque Gbah, le chimpanzé, dans un village de Côte d'Ivoire : "Il se présente juché sur une sorte de civière [...]. Il en saute brusquement et commence une danse effrénée [...]. Il se jette brutalement sur l'un de ses acolytes, le terrasse, semble l'étriper, lui met un fruit dans la bouche et s'en va, le laissant comme mort. Peu après, l'homme s'éveille et danse avec les autres une danse triomphale." L'explication de la scène vient ensuite : "Le masque a mimé la scène qui évita autrefois aux ancêtres des hommes du village de se faire massacrer par leurs ennemis [...]. Plongés, grâce à l'ingestion du fruit remis

Ci-dessus et page de droite

57. Masque Nimba.
Guinée. Baga.
Bois dur, clous de tapissier et pièces de monnaie françaises. H : 135 cm.
Musée Barbier-Mueller, Genève.
C'est le plus monumental des masques africains. Il est placé sur la tête du danseur dont le corps disparaît sous la robe de fibre. Deux trous percés entre les mamelles lui permettent de voir. Image de fécondité, la Nimba apparaît au moment des récoltes de riz.

par le chimpanzé, dans un sommeil hypnotique, ils furent tenus pour morts par leurs ennemis. Depuis, ce clan ne consomme pas de chimpanzé et ne le tue pas."

Ainsi, le masque perpétue et réactive régulièrement le récit historique dont il est le reflet. L'histoire s'est souvent figée en mythes. Le masque donne vie aux mythes fondateurs de la tribu et aux mythes de la vie quotidienne. Il les insère dans la réalité des vivants.

Plus généralement, on peut dire qu'il est la concrétisation d'un esprit, d'une créature surnaturelle intervenant dans la vie du village. Il se situe à la rencontre du sacré et du profane. L'au-delà devient visible et règle l'existence des individus. Sous ce couvert, tout est possible. L'esprit auquel le masque fournit un support formel peut se faire le défenseur d'un code moral non écrit, traquer et punir ceux qui ne se plient pas aux lois coutumières.

Grâce au jeu des masques, ces lois bien qu'orales sont transmises de génération en génération. Elles sont personnifiées, accompagnées d'un redoutable pouvoir répressif, d'autant que, par les masques, elles sont transfigurées, transposées dans un monde surnaturel qui les rend d'autant plus contraignantes. Mais ce sont aussi des lois parées, aux allures ludiques, intégrées à l'inconscient collectif et plus facilement admises.

Le masque, quel qu'il soit, se distingue profondément de la statuette sculptée. Même si un artiste travaille dans ces deux domaines parallèlement, son style diffère. Le masque, monde à part, ne reflète pas régulièrement le style des figurines d'une ethnie. Bien que le sculpteur soit tenu, pour chaque catégorie de masques, de se conformer à la tradition, le masque est souvent porteur de combinaisons formelles surprenantes. Au contraire des statuettes, il unit très souvent l'humain et l'animal. Un être hybride se crée, qui incorpore à l'humain non seulement la forme de l'animal, mais surtout la force vitale à laquelle il participe. Le masque, ce faisant, relie le danseur à tout ce qui est vivant dans le monde (fig. 55 et 56 et p. 8).

Finalement, création indépendante des hommes, le masque leur ressemble rarement. Il diffère d'eux volontairement. C'est cette différence qui fait sa force.

L'intervention de masques marque tous les temps forts de la vie d'un Africain et plus particulièrement trois circonstances : rites de fertilité, initiation à la vie adulte et funérailles.

Ci-dessus et page précédente

55. Masque Janus de type Waniugo.
Nord de la Côte d'Ivoire. Pays Senufo. Musée Barbier-Mueller, Genève. Tout est menace dans ce masque double : les mâchoires hérissées de crocs, les multiples cornes et surtout, pour un Africain, la petite coupe soutenue par deux caméléons au sommet de la tête. On y mettait une substance qui était supposée donner sa force au masque et avoir de puissants effets maléfiques. Objet de magie, il était utilisé par de petites associations d'hommes satellites du Poro. Voir p. 8, un masque Wambele dansant. Côte d'Ivoire. Senufo. Archives Barbier Mueller, Genève.

Mais cette énumération n'est nullement limitative, et on peut dire que, suivant les coutumes de chaque ethnie, on constate l'apparition de masques dans les situations les plus diverses.

Pour les rites de fertilité

Ces masques se rencontrent surtout dans les régions assez éloignées de l'équateur pour avoir un rythme de saisons différenciées permettant des cultures importantes. Les cultes de fertilité ont lieu à la fin des récoltes. C'est le cas, entre autres, chez les populations de Guinée, du Mali, de Côte d'Ivoire et du Grassland camerounais. Les participants demandent aux esprits et divinités concernés de leur accorder une descendance, de favoriser les cultures et la multiplication du bétail.

A l'époque des récoltes, chez les Baga vivant près de la côte de Guinée, le grand *Masque de la Nimba* (fig. 57) parcourt les champs. Les paysans voient émerger des cultures sa robe de fibre, ses lourdes mamelles, et implorent sa protection, même si par ailleurs ils se réclament de l'islam.

En Côte d'Ivoire et au Burkina Faso, dans les rites demandant à la divinité Do d'accorder de la pluie aux agriculteurs, de nombreux masques zoomorphes mêlent des caractères humains et animaux. Celui qui a la forme d'un papillon (fig. 58) rappelle que ces insectes apparaissent en gros essaims juste après les premières pluies.

Chez les Bambara, autres cultivateurs, au début de la saison des pluies, des jeunes gens portant les *Cimiers Tyiwara* (fig. 59 et 60) dansent le soir sur la place du village, après leur journée de travail dans les champs, pour glorifier le génie Tyiwara présidant aux récoltes et auquel la société du même nom rend un culte. Les cimiers Tyiwara vont toujours par paires, mâle et femelle côte à côte, merveilles d'élégance harmonieuse.

Dans le Nord du Cameroun, on voit aussi intervenir à l'occasion des rituels agraires et de fécondité, le *Masque Ma'bu* (de la société secrète du Ngwarong) (fig. 61). C'est un masque très puissant qui apparaît également lors des funérailles. Le visage allie des traits anthropomorphes et zoomorphes, avec un front "en visière" et les joues gonflées des masques de l'Ouest et du Nord-Ouest du Cameroun.

58. Masque Do.
Burkina Faso. Bwa.
Photo : Hoa Qui.
La divinité Do est un principe de renouveau. Ce
masque en forme de
papillon apparaît dans
des cultes de fertilité et
après les moissons.

61. Masque Ma'bu.
Cameroun. Région de
Nkambé. Photo : Louis
Perrois.
Le masque est placé hori-
zontalement sur la tête
du danseur dont le visage
est dissimulé par une
sorte de textile ajouré
noir. L'habit du masque
est une grande cape de
plumes d'oiseau.

**60. Danseur portant un
cimier Tyiwara.**
Photo : Hoa Qui.

59. Cimier Tyiwara.
Mali. Bambara (Bamana)
de la région de
Bélédougou.
Bois, fibres végétales,
clous en fer. Musée
Barbier-Mueller, Genève.
Les cimiers Tyiwara com-
portent de nombreuses
variantes formelles sur le
thème de l'antilope tou-
jours représentée avec
une extrême élégance.

Masques visibles par tous

Les masques façonnaient la personnalité des membres du clan. Cette action progressive se faisait par étapes. Les enfants et les femmes devaient se cacher, parfois sous peine de mort, lorsque les masques les plus redoutés parcouraient le village, précédés d'un son de trompe annonciateur. Mais beaucoup de spectacles masqués étaient et sont encore offerts à tous, à titre d'amusement, durant les fêtes.

Ces réjouissances sont particulièrement répandues en Côte d'Ivoire. Chez les Dan, le *Masque comédien* au visage humain noir et poli, mime et ridiculise certains personnages du village, comme la femme négligente qui délaisse son travail. Souvent aussi, des jeunes gens porteurs du *Masque de course,* se livrent à une compétition sportive, à qui arrivera le premier. Pour leur permettre une meilleur vision, de larges orbites rondes sont découpées dans la surface lisse du visage bombé. Chez les We (ou Bete), le *Masque Chanteur* (fig. 62) chargé de clochettes et accompagné de tambours, chante les louanges des organisateurs de la fête et fait revivre les anciens contes et les hauts faits des ancêtres en citant les proverbes connus de tous. Toujours chez les We, le *Masque mendiant* qui accompagne souvent le chanteur doit amuser le public par ses pitreries tout en recueillant pour son propre compte des petits cadeaux.

Mais la fête, chez les Dan, est parfois bruyamment inter-rompue par l'irruption du *Masque bagarreur* (fig. 63) d'aspect brutal, contrepoint ludique du *Masque de guerre.* Il lance des crochets de bois autour de lui et pourrait provoquer une "guerre pour rire", bienvenue pour apporter aux réjouis-sances un surcroît d'intérêt.

A tout moment, en dehors des fêtes, on peut voir surgir le *Masque Gunyege* (fig. 64), jouant le rôle d'un officier de police à l'allure renfrognée. Malheur à la femme inconsciente du danger qui, un jour de grand vent, a allumé pour préparer le repas un feu trop proche de la savane. Le Masque ren-verse et confisque la marmite qui ne sera rendue au mari de la coupable que contre une lourde amende.

Chez les Yoruba actuels vivant au Nigéria, mentionnons enfin les *Masques Gelede* (fig. 65) de la confrérie du même nom, pour lesquels les sculpteurs laissent libre cours à leur imagination et qui se produisent en diverses occasions.

62. Masque chanteur.
Côte d'Ivoire. We ou
Bete.
Bois, clous en fer et en
laiton, tissu, cauris, cheveux humains, quatre
clochettes en laiton.
Dimensions : 26 x 20 x
11 cm. Musée des Beaux-
Arts, Angoulême.
Considéré comme fémi-
nin et élégant, le masque
chanteur anime les fêtes.

63. Masque Bagarreur.
Côte d'Ivoire. Dan.
Bois, fibres végétales.
Dimensions : 21 x 14,5 x
11 cm.
Musée de l'Afrique et de
l'Océanie, Paris.
Bagarre et brutalité expri-
mées avec un minimum
de moyens.

Page de droite

**64. Masque de type
gunyege.**
Libéria et Côte d'Ivoire.
Dan.
Bois à patine foncée,
coiffe en fibres tressées.
H : 36 cm. Musée Barbier-
Mueller, Genève.

**65. Masque de la
Confrérie Gelede.**
Bénin (ex Dahomey).
Yoruba.
Bois polychromé, traces
de rouge, jaune, noir,
bleu. Dimensions : 47 x
33 x 40 cm. Musée de
l'Afrique et de l'Océanie,
Paris.
Ces masques de divertis-
sement comportent
toujours des superstruc-
tures très variées. Sur
celui-ci, on distingue un
visage d'homme barbu
portant un turban, sans
doute un notable musul-
man. Au-dessus, des
formes géométriques et
un croissant retourné.
Enfin, deux oiseaux en
ronde-bosse. Ce masque
se portait horizontale-
ment sur le dessus de la
tête.

66. Masque Cikunza.
Zaïre et Angola. Tshokwe.
Branchages, résine,
écorces battues et fibres.
H : 162 cm. Musée
d'Ethnographie,
Neuchâtel.
Le masque impose l'auto-
rité de l'homme qui
dirige les rites de circoncision.

Masques grandioses des rites d'initiation

La période de l'initiation était cruciale entre toutes pour les adolescents. Certaines tribus avaient des rites de passage pour les garçons, d'autres pour les filles, d'autres encore pour les deux sexes. Ces rites allaient faire d'eux des adultes détenteurs de droits, mais conscients de leurs devoirs. L'initiation, qui se pratiquait dans la plupart des tribus mais non dans toutes, comportait toujours un temps plus ou moins long de réclusion loin du village. Mais elle variait beaucoup quant à ses formes d'une ethnie à l'autre, et il est impossible d'en donner une vue générale.

Prenons l'exemple des Tshokwe d'Angola, qui ont été bien étudiés par Marie-Louise Bastin, professeur à l'Université libre de Bruxelles. Les garçons séjournaient plusieurs mois dans l'école de brousse où se pratiquait la circoncision. Des hommes masqués leur enseignaient le comportement de l'adulte et les amenaient à franchir des épreuves successives, souvent très dures. Les masques modelés en écorce, branchage, résine et tissus, peints de motifs symboliques, évoquaient le cosmos. L'esprit qui dominait ces rites était le *mukishi,* être désincarné, mort supposé surgi de terre tout habillé de fibre. Cet être surnaturel était à la fois redouté et vénéré. L'homme qui dirigeait les cérémonies de passage portait le *Masque Cikunza* (fig. 66) pointu, composé d'éléments anthropomorphes et zoomorphes mêlés. Le grand *Masque Kalelwa* (fig. 67) intervenait quand les novices manquaient de nourriture et pourrait être en rapport avec l'eau céleste.

Chez les Yaka, voisins des Tshokwe, on trouvait également un masque imposant (fig. 68), lié aux rituels d'initiation et aux danses exécutées lors du retour au village des jeunes hommes circoncis. Chez les Baga Fore de Guinée, d'autres fêtes d'initiation étaient l'occasion d'une danse de poutres en forme de pythons (fig. 69) où l'on pourrait éventuellement voir un symbole phallique. Ces poutres toutefois ne sont pas des masques mais des accessoires de danse.

La plupart des masques intervenant au cours des initiations appartenaient à des confréries secrètes. De ce fait, leurs apparitions ne se limitaient pas à l'initiation des adolescents. Elles pouvaient avoir lieu dans d'autres circonstances souvent mal connues, dans des initiations permettant à des notables

67. Masque Kalelwa.
Zaïre et Angola. Tshokwe.
Écorce et raphia.
H : 60 cm. Musée
d'Ethnographie,
Neuchâtel.
Ce masque au symbo-
lisme mystérieux
intervient dans les céré-
monies de circoncision.

Ci-dessus et page de droite

68. Masque d'Initiation.
Zaïre. Yaka.
Bois, raphia et fibre.
Pigments divers.
H : 71,5 cm. Musée
Ethnographique, Anvers.
Les nouveaux initiés dansent avec ces masques dont les visages peints en blanc évoquent des morts. Les éléments figuratifs, ici des poissons, peuvent varier mais se rattachent à un cycle mythologique.

d'accéder aux échelons supérieurs de la confrérie, ou encore dans des cérémonies de funérailles. C'est le cas au Zaïre pour les *Masques Nkaki* des Lwalwa (fig. 70), pour ceux des Salampasu (fig. 71) et enfin pour les mystérieux Masques des Mbagani (fig. 72).

Le *Masque Kifwebe* des Songye, du Zaïre (fig. 73) était, selon Frobénius, porté par le chef ou le sorcier dans les cas graves, épidémie, mort du roi, guerre. Plus récemment, il intervenait dans des rites d'initiation de sociétés masculines.

Les Masques des Makonde (fig. 74) vivant au Mozambique, sur la côte orientale de l'Afrique, apparaissaient aussi à l'occasion des initiations et des funérailles.

Les masques, fondements de la vie sociale

Bien que les sociétés africaines soient de natures très diverses, les confréries secrètes et les masques qui manifestent leur action jouent partout un rôle capital pour affirmer l'autorité, assurer le contrôle social et réprimer les comportements déviants.

Pour les cérémonies destinées à légitimer l'autorité de certaines familles, nous trouvons chez les Temne de Sierra Leone un masque (fig. 75) qui représente l'esprit chargé de protéger les dynasties régnantes de chaque chefferie. Il légitime la puissance religieuse du nouveau chef. On ne voit ce masque en public que lors de la cérémonie d'intronisation d'un chef, dans laquelle il joue un rôle capital. Le masque n'est pas porté par le chef lui-même, mais par le dignitaire qui préside à la transmission des pouvoirs entre les deux chefs. Ce notable porteur du masque joue par ailleurs un rôle de médiateur entre le nouveau chef et son peuple.

Des masques dissimulant des hommes intervenaient dans le passé dans tous les rouages de la vie sociale, avant d'être remplacés par des organismes administratifs ou juridiques.

Le *Masque de guerre* (fig. 76) des Grebo du Libéria devait, par son expression terrible, répandre la crainte autour de lui, terroriser les adversaires dans les batailles et, surtout, mettre en fuite les sorciers protecteurs de l'ennemi.

Ailleurs, il s'agissait de faire passer sans douleur le paiement de l'impôt. C'était le tour de force réalisé par le *Cihongo* (fig. 77) chez les Tshokwe. Évocation de l'esprit de la

72. Masque de circoncision.
Zaïre. Mbagani.
Bois. H : 31 cm.
Collection privée.
Ces masques interviennent dans des cérémonies initiatiques. Leurs immenses orbites blanches dévorent un maigre visage au menton pointu, créant une impression de recueillement serein.

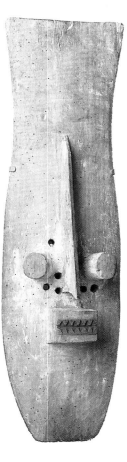

73. Masque Kifwebe.
Zaïre. Songye.
Bois dur et lourd. Restes de pigments blancs.
H : 48 cm. Collection privée.
Facilement reconnaissables par leur dessin, les masques Kifwebe restent très mystérieux quant à leur emploi. Fabriqués en brousse, loin des regards, ils sont consacrés au cours d'une cérémonie secrète où l'esprit doit prendre possession des nouveaux masques. Ils sont réservés à des notables ayant subi une initiation.

76. Masque facial.
Côte d'Ivoire et Libéria.
Grebo. XIXᵉ-XXᵉ siècles.
Bois et pigments.
H : 69,9 cm. The Metropolitan Museum of Art, New York.
Symbolisant le caractère implacable du combat, ce masque de guerre veut avant tout terrifier. Rien n'infléchit ou n'adoucit la ligne rigoureusement droite du nez, la bouche rectangulaire aux dents menaçantes ou les protubérances des yeux. Ces masques apparaissaient dans les batailles, dans les danses qui les précédaient et dans les funérailles des membres du groupe de guerriers de même âge.

75. Masque en laiton du type aron arabai.
Sierra Leone. Temne. XXᵉ siècle. H : 29 cm. Musée Barbier-Mueller, Genève.
Ce masque finement travaillé est l'un des rares masques en métal encore porté dans les cérémonies d'intronisation des chefs Temne. Sans ce masque, un chef ne peut exister puisque c'est le masque qui est supposé lui transmettre un pouvoir mythique.

70. Masque de type nkaki.
Zaïre. Lwalwa. Bois. Musée Barbier-Mueller, Genève.
Les masques sont la principale production des sculpteurs Lwalwa. Apparaissant au moment de la circoncision, ils appartiennent à des sociétés secrètes qui peuvent donner ultérieurement à certains membres un approfondissement de l'initiation commencée lors de la circoncision. Le fort nez busqué se prolonge jusqu'au milieu du front. Les yeux sont deux longues fentes cernées de blanc. Entre les lèvres et le nez, des trous permettaient de passer une cordelette serré entre les dents du danseur pour maintenir le masque en place.

74. Masque.
Mozambique. Makonde. Bois. H : 30 cm. Collection Marc Félix, Bruxelles.
La culture des Makonde qui vivent sur la côte est de l'Afrique est encore mal connue, mais on sait qu'ils croyaient aux esprits des ancêtres et pratiquaient des rites d'initiation. A la fin de ceux-ci, les ancêtres reviennent masqués pour des danses exprimant leur joie et prouvant les liens étroits entre vivants et morts. Dans ce masque au modelé soigné, on note l'importance de la lèvre supérieure, caractéristique de ces objets.

71. Sortie de masques.
Zaïre. Salampasu.
Photo : Hoa Qui.
Ces masques servent probablement dans des cérémonies de circoncision et d'initiation dans des sociétés masculines.

Page de droite

69. Bansonyi.
Guinée. Baga Fore.
Bois lourd, polychromie rouge, noire et blanche.
Miroirs européens incrustés. H : 215 cm. Musée Barbier-Mueller, Genève.
Liés au mythe du python, ces longues poutres sinueuses viennent danser par deux pour la fête d'initiation des garçons chez les Baga Fore. Leur danse est un duel, duel entre le monde aquatique et celui de la brousse, entre l'ouest et l'est, le "mari" et la "femme", les deux moitiés du village. Une fois la fête ouverte par leur apparition, ils disparaissent ensuite dans le bois

richesse, porté par un fils de chef au cours de longues tournées de plusieurs mois, il recevait pour ses danses d'importants cadeaux équivalant à un tribut. Il pouvait également rendre la justice en désignant un coupable dans la foule.

Toujours au Zaïre, chez les Kuba, un roi avait compris tout le parti à tirer de cette crédulité populaire. Un esprit nommé *Mwaash a Mbooy* terrorisait les Kuba. A la demande du roi, des masques fabriqués à la "ressemblance" de cet esprit, les *Masques Mukyeem ou Mwaash a Mbooy* (fig. 78) étaient supposés vérifier la conduite de chacun et prêtaient leur force à la justice royale. Pour conforter cette notion, les chefs, quand ils apparaissaient à leurs sujets, portaient le costume Mwaash a Mbooy dont les masques étaient fabriqués dans les ateliers royaux.

Il n'était d'ailleurs pas nécessaire d'être roi pour se transformer en justicier. Les nombreuses sociétés secrètes en ont fourni maintes occasions à leurs membres. La plus connue est le Poro des Senufo de Côte d'Ivoire qui, sous couvert de régulation sociale, maintien de l'ordre et poursuite des criminels, a souvent fait régner la terreur.

Parallèlement au Poro, mais de manière plus humaine, une société féminine, le Bundu ou Sande, a régné en Sierra Leone sur le monde féminin et présidé à l'initiation des jeunes filles avant le mariage.

Le Poro, quelle que fût son importance pour poursuivre les coupables de tout poil n'était cependant pas seul à assumer ce rôle. Les sociétés Ogboni chez les Yoruba de l'Ouest, et surtout les sociétés des Ekoï du Nigéria se proposaient le même but et, par les yeux de masques couverts de peau (fig. 79), surveillaient le comportement des membres de la tribu.

Au Cameroun enfin, comment aurait-on échappé au regard inquisiteur du *Cimier de la confrérie de la Nuit* (fig. 80) ? Ses membres les plus puissants incarnaient un pouvoir répressif dont la royauté s'était judicieusement dissociée. Le *Masque Ngil* (fig. 81) au Gabon n'est guère plus rassurant. Et l'on pourrait multiplier les exemples à l'infini.

Parfois pourtant, le simple habitant des villages pouvait espérer être défendu par des masques. C'est le cas en Côte d'Ivoire de ceux de la société du Koma, qui avait pour objectif de s'opposer aux méfaits de la sorcellerie, extrêmement puissante et répandue.

Les funérailles, dernier rite de passage

La mort, second grand rite de passage, revêt une importance capitale dans l'esprit des Africains animistes, car ils pensent que l'enveloppe charnelle disparaît seule, tandis que l'esprit et l'"âme" ne meurent pas et se perpétuent. Ils continuent à errer autour des vivants que menace leur jalousie causée par la privation de vie. Il faut capter cette force vitale et, par la danse, la canaliser au profit de ceux qui sont restés sur terre. Cela n'est pas sans danger, mais le masque est supposé protéger le danseur qui le porte des attaques de l'esprit du défunt. Il faut enfin préparer ces âmes errantes à leur nouvelle existence et faciliter leur accès au royaume des ancêtres.

A partir de ces notions de base communes aux différentes populations d'Afrique noire, chaque ethnie a sa manière particulière de célébrer des funérailles, ce qui rend toute généralisation impossible. Ce rituel a été bien étudié par Marcel Griaule chez les Dogon du Mali, qui peuvent servir d'exemple. Le décès d'un membre de la tribu est annoncé par des tambours, cloches et coups de fusil. Puis le corps est transporté dans les catacombes d'une falaise où reposent déjà d'autres villageois. Le lendemain, des hommes dansent, miment des combats et chantent des litanies. Enfin, après une période de deuil plus ou moins longue, viennent les festivités de la levée de deuil comportant des danses avec des masques très variés. On voit passer les immenses *Masques kanaga* dont les superstructures ressemblent à des croix de Lorraine. Marcel Griaule rapproche de ces formes surprenantes des peintures rupestres dont il a pu constater l'existence en pays Dogon. Puis viennent les *Masques walu* (fig. 82) anthropomorphes à cornes d'antilopes et de nombreux masques zoomorphes, lièvres, lions ou hyènes par exemple. Tous ces masques sont sacrés, chargés de puissance magique et présentent des dangers pour les non-initiés. A la fin des danses, on considère que les masques ont joué leur rôle, ils peuvent regagner la grotte où on les garde généralement. L'esprit du défunt a atteint l'au-delà et a définitivement rejoint ses ancêtres.

Non loin des Dogon, chez les Bwa du Burkina Faso, les impressionnants *Masques-planches* (fig. 83 et 84) hauts de trois à quatre mètres, intervenaient pour les funérailles comme pour les initiations.

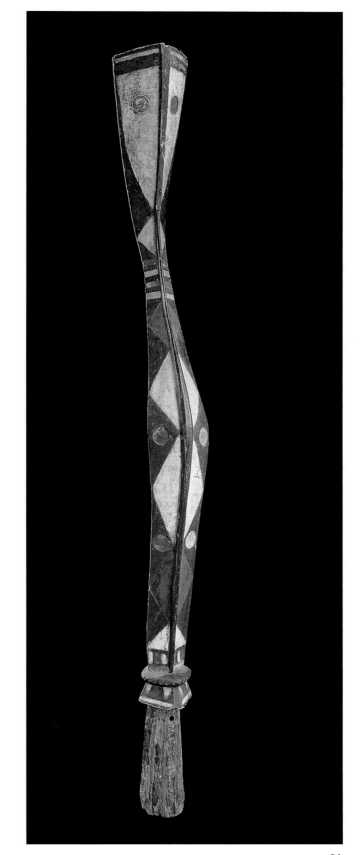

77. Masque Cihongo.
Zaïre. Tshokwe.
Bois, laiton, plumes et
fibres tressées. H : 24 cm.
Photo : Hughes Dubois,
Bruxelles.
Symbole de puissance et
de richesse, ce masque
ne peut être porté que
par un chef ou un fils de
chef à qui il permet, au
cours de tournées, de
récolter des dons impor-
tants.

Page de droite

78. Masque mukyeem, proche du Mwaash a mbooy.
Zaïre. Kuba.
Bois, perles, cauris, fibres végétales. Musée Barbier-Mueller, Genève.
Réservé aux membres de la famille royale, il a un rôle de régulation sociale.

79. Cimier de danse.
Nigéria. Ejagham (Ekoï).
Bois, cheveux humains, métal, peau d'antilope.
H : 33,5 cm. Musée Barbier-Mueller, Genève.

Les "grandes funérailles", cérémonies qui concernaient non pas un défunt mais plusieurs personnes appartenant à une même classe d'âge ou décédées au cours d'un certain laps de temps, pouvaient, chez les Senufo de Côte d'Ivoire, être marquées par l'apparition des *Masques Deguele* (fig. 85) qui sont des masques-heaumes surmontés de statues. Ce rituel rare et grandiose dépendait du Poro.

Les cérémonies funéraires pouvaient prendre ailleurs des formes fort différentes. Au Gabon, par exemple, chez les Tsangui du Sud ou les Kwele du Nord-Est, certains masques dits "masques blancs", portés par des hommes mais représentant des ancêtres féminins du défunt (fig. 86 et 87), se signalent par leur extrême beauté et la richesse de leurs connotations psychologiques.

Vie et mort des masques

Le masque, dans l'esprit des Africains, était toujours porteur d'une charge magique redoutable pour ceux qui l'animaient comme pour ceux qui le voyaient. Pour comprendre l'origine de cette puissance supposée, il faut remonter à la création de son support matériel.

La forme d'un masque est traditionnelle, elle échappe au temps. En Côte d'Ivoire, si un masque était détérioré ou détruit, on en faisait une petite réplique servant de refuge temporaire à l'esprit du masque. Cet esprit devait ensuite se révéler en rêve à son futur danseur qui allait trouver un sculpteur pour lui passer commande. Parfois aussi, chez les Dogon du Mali ou au Gabon, les masques ne sont pas des puissances surnaturelles, mais l'incarnation momentanée d'un génie, d'un ancêtre ou de la force vitale des morts, et sont fabriqués par les initiés. Tenus par l'obligation de ne pas révéler aux profanes les détails de l'initiation, les néophytes ne disaient rien de ceci autour d'eux et gardaient, en ce qui les concernait, une foi intacte dans la puissance des masques, au plan religieux de l'au-delà comme au plan social.

Professionnel ou non, l'artisan devait se conformer au modèle existant. Sa marge de créativité personnelle était très réduite. Il œuvrait en grand secret, car le masque n'était jamais considéré comme la création d'un homme. On lui

Ci-dessus et page de gauche

80. Cimier de la Confrérie de la nuit.
Cameroun. Bangwa.
Bois dur avec des traces de kaolin. H : 41,5 cm.
Musée Barbier-Mueller, Genève.
Ces masques étaient perçus comme la manifestation visible d'une puissance surnaturelle, dangereuse aussi bien pour les initiés que pour les non-initiés. Ils avaient un rôle répressif.

**82. Masque Walu, anti-
lope oryx.**
Mali. Dogon.
Bois, fibres végétales,
traces de pigments miné-
raux blancs. H : 63 cm.
Musée Barbier-Mueller,
Genève.

Page de droite

**81. Masque de danse
du Ngil.**
Guinée équatoriale,
Gabon. Fang.
Bois mi-lourd, visage
peint en blanc. H : 44 cm.
Musée Barbier-Mueller,
Genève.
Les masques du Ngil
jouaient un rôle dans le
rétablissement de l'ordre
social. Ces visages blancs,
allongés et impassibles
étaient bien faits pour
commander l'obéissance
aux ordres exprimés par
une bouche sans conces-
sion.

attribuait toujours une origine surnaturelle : "Il a été trouvé en brousse, ou donné par un esprit, il y a très longtemps."

Avant de se mettre au travail, l'artisan avait choisi le bois d'une essence convenable, généralement tendre et légère. Pour apaiser l'esprit de l'arbre abattu, on avait parfois requis un devin pour procéder aux cérémonies appropriées. Le sculpteur lui-même, d'autre part, devait être en état de pureté rituelle.

Le masque est généralement monoxyle, mais on connaît en Côte d'Ivoire des masques ayant une mâchoire inférieure articulée. Si le masque devait être polychrome, l'artisan utilisait pour le blanc, symbole de mort, du kaolin, et pour le noir maléfique, du charbon de bois. L'ocre rouge signifiait la vie. On peut trouver aussi plus tardivement de l'ocre jaune ou du bleu de lessive.

Il existait également des masques faits de feuilles et très vite détruits, ou chez les Ekoï du Nigéria, des masques en peau d'antilope vernissée (remplaçant la peau humaine précédemment utilisée), tendue sur une armature en rotin. L'écorce battue pouvait aussi être employée, et certains masques étaient décorés de cauris ou de verroterie.

Malgré l'importance de ces préparatifs, c'était seulement sa première apparition en public avec le rituel approprié qui donnait au masque son caractère sacré. Jusque-là, point n'était besoin de précautions particulières pour le manipuler, car il n'avait pas sa charge de puissance occulte. Au Gabon, L. Perrois note qu'en dehors de leurs interventions publiques, les masques étaient entreposés loin des indiscrets, mais sans précautions particulières. Ailleurs, malheur au non-initié qui chercherait à voir certains masques, ou même les verrait involontairement.

E. Leuzinger mentionne des épisodes plus dramatiques de la vie des masques. "Chez les Songye autrefois, un sacrifice humain était nécessaire pour évoquer la force divine et, dans le Nord-Est du Libéria, le rituel exigeait qu'un masque qui

83. Masques à lame.
Burkina Faso. Musée
Barbier-Mueller, Genève.

84. Sortie des masques-planches.
Bwa. Photo : Hoa Qui.
Ces masques participent
aux rites familiaux, à
l'occasion des funérailles
ou levée de deuil.

Page de droite

85. Masque-heaume avec figure féminine.
Côte d'Ivoire, Senufo (village de Lataha).
Bois dur, patine gris foncé. H : 102,5 cm.
Musée Barbier-Mueller, Genève.
Ces masques-heaumes sont en fait des statues portées sur la tête pour un défilé dans le village, à l'occasion de "grandes funérailles", destinées à honorer ceux qui viennent d'être "initiés" au royaume des défunts. Elles étaient la propriété de la société du Poro, gardées dans le bosquet sacré dont elles ne sortaient que très rarement. Toujours dépourvues de bras, elles vont généralement par paires, l'une féminine, l'autre masculine, et sont caractérisées par leur cou et leur torse en anneaux.

n'avait pas rempli son office au combat fût renforcé par ce même moyen. Mais, par la suite, on eut recours à une ruse, on sacrifia une vache à la place de l'homme."

Le masque avait généralement son danseur attitré, ce qui pouvait se poursuivre pendant plusieurs décennies. Le masque demeurait dans le lignage, transmis de génération en génération, ou bien dans la société secrète.

Finalement, la durée de vie du masque arrivait à son terme. On note, mais il y a des exceptions, que les masques d'écorce battue et résine chez les Tshokwe étaient brûlés à la fin des cérémonies rituelles, tandis que les masques en bois étaient conservés. En général, dans le passé (ce n'est plus vrai actuellement), un masque n'était jamais jeté sans précautions ; sa destruction s'entourait de rites destinés à transmettre à un autre masque les forces occultes qu'il recélait. Parfois encore, on le déposait dans une grotte ou une hutte spéciale pour le laisser se désintégrer sous l'action du temps et des termites.

Chez les Tshokwe, des rites particuliers se déroulaient pour le *Masque Pwo* (fig. 88). Le sculpteur s'inspirait des traits et de la coiffure d'une femme qu'il admirait pour sa beauté et, nous dit M. L. Bastin, "avant de remettre le masque terminé au danseur, le sculpteur recevait un anneau de laiton comme "prix de la fiancée". Une sorte de mariage mystique unissait ainsi le nouveau masque à son propriétaire. A sa mort, Pwo était souvent enterré dans un marais, avec un bracelet métallique, soit la restitution du "prix de la fiancée" pour éviter que l'esprit ne vienne hanter un membre de la famille de l'ancien danseur".

Face à la statuaire plus réaliste, plus statique, le monde des masques ménageait donc en Afrique noire une échappée vers le surnaturel, l'irréel et le dynamique. Il donnait forme à des forces psychologiques informes, d'autant plus terrifiantes qu'elles étaient mystérieuses. Il catalysait les terreurs immémoriales face à la nature. Face à l'horreur de la mort, son rôle dans les funérailles peut apparaître comme un processus psychothérapeutique. Et, plus généralement, dégageant son danseur des contingences du monde des vivants, il l'amenait parfois au cœur de l'extase et plongeait temporairement toute l'assistance dans l'ambiance d'un monde sacré.

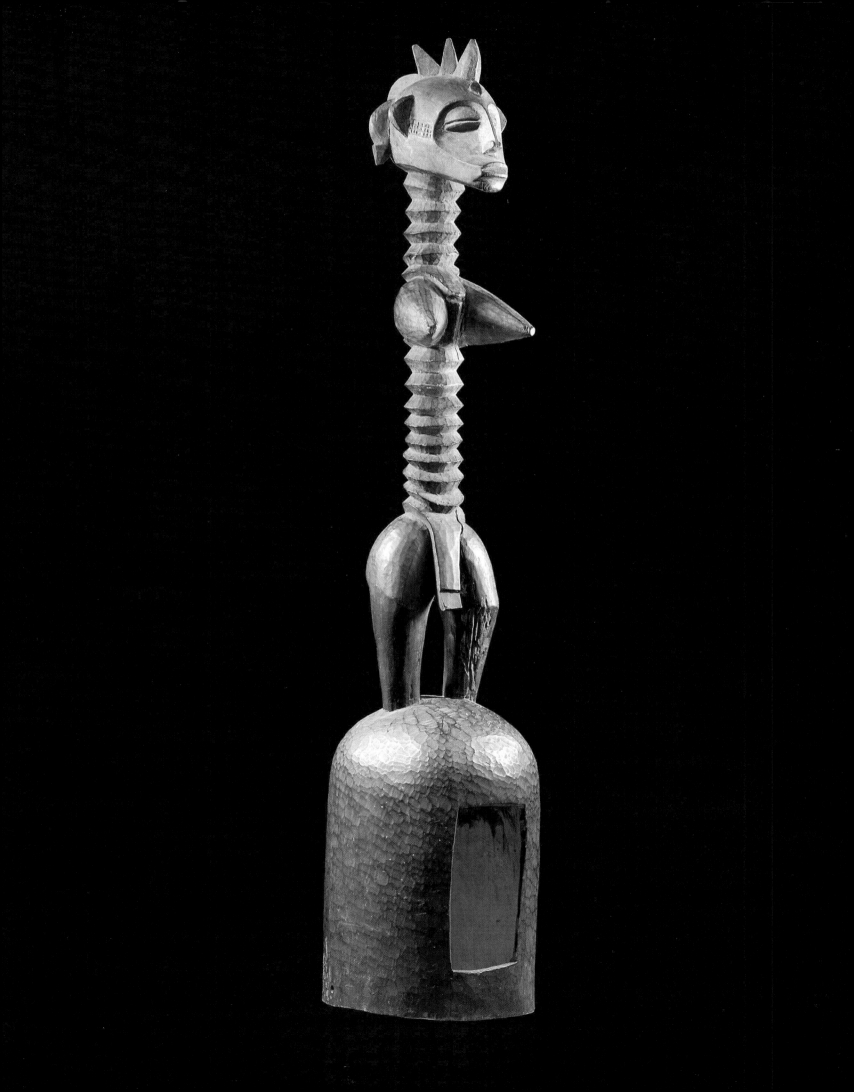

86. Masque de danse.
Gabon. Tsangui.
Bois léger peint en blanc,
rehaussé de noir et de
rouge. H : 30 cm. Musée
Barbier-Mueller, Genève.
Incarnant surtout l'esprit
d'un défunt, ce masque
apparaît lors des cérémo-
nies de deuil, au cours de
danses exécutées dans la
lumière pâle de l'aube ou
du crépuscule. Le dan-
seur est monté sur des
échasses et le masque est
très peu visible. Il est
pourtant évident que le
sculpteur s'est efforcé de
lui conférer une mysté-
rieuse beauté.

87. Masque.
Gabon. Kwele.
Bois polychrome.
H : 55 cm. Ancienne
Collection Charles Ratton.
Photo : G. Berjonneau.
Couleur blanche, jeu des
pleins et des vides,
redoublement des
formes, absence de
bouche, tout concourt ici
à projeter le spectateur
dans le monde de la
mort et du sacré. Pour les
ethnies de la forêt équa-
toriale, les esprits des
ancêtres doivent toujours
être présents parmi les
vivants.

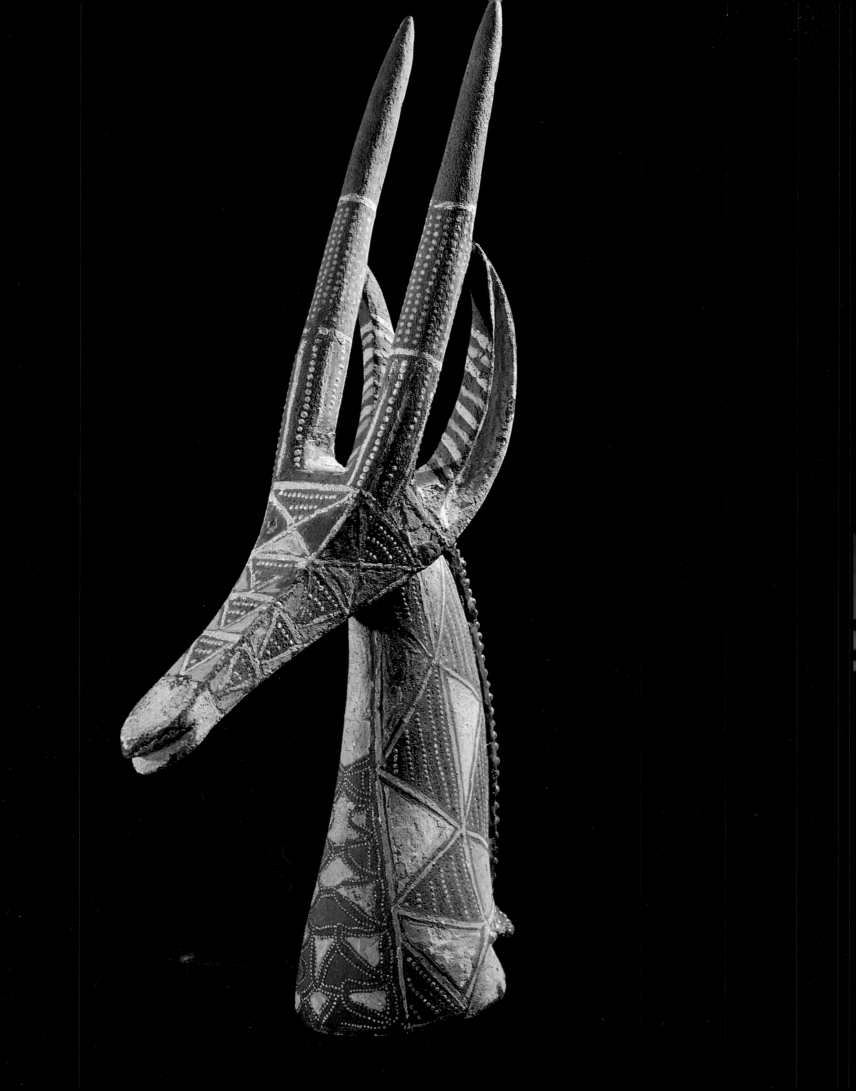

88. Masque féminin Pwo.
Zaïre. Tshokwe.
Bois, kaolin, métal et fibres. H : 28 cm.
National Museum of African Art, Washington.
Image d'une femme admirée pour sa beauté et liée au sculpteur par un rapport mystique.

Page de gauche

89. Cimier antilope.
Burkina Faso. Kouroumba.
H : 70 cm. Musée de l'Homme, Paris.
A la fin de la période de deuil, il faut chasser les âmes hors des villages. Les danseurs Kouroumba interviennent alors, après avoir assujetti sur leur tête au moyen d'un filet cette sculpture pleine d'une élégance que renforcent les motifs polychromes.

90. Masque.
Côte d'Ivoire. Pré-Senufo.
XIIe ou XIIIe siècle (?).
Étain pauvre natif.
D : 23,5 x 16 cm. Poids :
725 g. Musée royal de
l'Afrique centrale, Tervuren.

Différentes formes de masques

Bien souvent, le masque est limité à la face et se porte devant le visage, le reste du corps étant couvert par le costume d'accompagnement. Pour ce qui est du relief, toutes les variantes apparaissent, depuis la circonférence absolument plate (*Masque Tsaye*) jusqu'aux reliefs les plus prononcés.

Les masques-heaumes couvrent entièrement la tête du danseur, comme une sculpture creuse dans laquelle il entrerait sa tête. Ils peuvent être vus sous différents angles.

Dans les masques Janus, deux visages sont représentés, accolés par l'arrière.

Dans les masques doubles, il y a également deux visages, mais côte à côte.

Certains masques ne sont pas destinés à emboîter la tête, mais à être portés horizontalement sur le sommet du crâne, par exemple, les masques gelede.

Les cimiers sont constitués d'une sculpture parfois très haute fixée sur une calotte de vannerie. C'est le cas des Tyiwara Bambara.

Les masques à lame sont surmontés d'une haute palette de bois, comme chez les Bwa.

Il existe enfin des masques de petite taille, souvent en métal ou en ivoire, qui ne sont pas des masques de danse mais jouent le rôle d'amulettes et sont portés pendus à la taille sous les vêtements.

91. Masque Kpeliyehe.
Côte d'Ivoire. Senufo
(emprunté aux Dioula).
Laiton. H : 25 cm. XIXe ou
XXe siècle. Musée Barbier-
Mueller, Genève.

Le masque dans le temps

Visible par tous, le *Masque Kpeliyhe* (fig. 91), féminin mais porté par des hommes, exprime le calme et l'équilibre propres aux femmes. Les lignes entourant la bouche tendue font référence à la maîtrise de soi. La crête placée au-dessus du masque est une allusion aux révélations apportées en rêve par les esprits de la brousse. La petite tête humaine renvoie aux marchands Dioula. Les cornes sont des cornes de buffle, l'animal puissant de la brousse. Malgré le grand calme répandu sur ce visage, les danseurs, de jeunes initiés du Poro, exécutent une danse frénétique, vêtus de couleurs criardes.

Le *Masque Pré-Senufo* (fig. 90) a été découvert fortuitement dans une tombe ancienne au nord du Ghana. Ce visage féminin hiératique, surmonté d'un caméléon et paré d'éléments latéraux, ressemble aux masques Kpeliyehe actuels et pourrait en être l'archétype.

92. Masque Idoma.
Collection Barbier-Mueller.

93. Masque Oubi.
Côte d'Ivoire. Grebo. Bois
noirci, fibres végétales.
H : 42 cm. L : 16 cm.
Musée de l'Afrique et de
l'Océanie, Paris.

Dissimulé derrière son masque (et son costume), impossible
à identifier, le danseur donne le sentiment de posséder une
vision multipliée pour mieux traquer et punir ceux qui enfrei-
gnent les lois coutumières (fig. 92 et 93).

Statues d'ancêtres, évocations d'esprit

Les recherches ethnographiques effectuées depuis un demi-siècle sur les populations noires ont permis de mieux cerner les objectifs qui commandaient l'immense production de statues et statuettes en bois dues aux sculpteurs.

Une chose est certaine, une règle générale : la première raison d'être de ces statues n'est pas le plaisir de l'œil. Leur destination profonde est religieuse, axée sur des cultes ancestraux ou mythiques.

Dans l'image qu'il dégage progressivement du bois, le sculpteur évoque l'ancêtre défunt ou l'esprit insaisissable. Sur ces entités abstraites, les commanditaires de la statue ont déjà des notions, les entrevoient d'une certaine manière. Le sculpteur doit se plier à ces conceptions mais, dans le cadre de la tradition, il peut imprimer au bois son accent personnel, la marque de son talent propre d'artiste, ce qui, on le constate, aboutit souvent à la création d'œuvres de haut niveau.

Les statues africaines en bois sont en majorité des statues masculines ou féminines d'ancêtres, statues de chefs de lignage défunts. Mais d'autres correspondent à des représentations anthropomorphes d'esprits de la nature ou de divinités secondaires. Comme les mythes et cultes animistes varient d'une ethnie à l'autre, il faut étudier ces œuvres selon les régions où elle ont vu le jour.

Page de gauche

94. Couple assis.
Mali. Dogon
Bois et métal. H : 73 cm.
The Metropolitan
Museum of Art, New
York.

Chez les Dogon

Dans un paysage imposant, dénudé et austère, autour des falaises de Bandiagara (Mali), les Dogon sont l'une des ethnies africaines restées les plus proches de leurs traditions ancestrales. Ils ont sans doute remplacé une population plus anciennes, les Tellem, et ont pu aussi avoir des liens avec les habitants du delta intérieur du Niger entre les XIIe et XVIIe siècles. Les Dogon n'essaient jamais de représenter des personnages historiques comme à Ife ou au Bénin. Leur art est tourné vers les mythes dont l'ensemble complexe réglemente la vie des individus.

Les sculptures sont conservées dans d'innombrables lieux de culte disséminés partout, autels personnels ou familiaux, autels pour la pluie, pour protéger les chasseurs, autels placés dans les marchés... Dans le panthéon Dogon, Amma apparaît comme le créateur originel de toutes les forces de l'univers et de son descendant Lebe, divinité de la renaissance végétale. Amma est aussi le créateur des ancêtres de chaque clan, désignés comme "ceux qui sont au loin". Parmi les nombreuses autres divinités, Nommo, esprit de l'eau, est souvent représenté en liaison avec Amma. Pour ces différents cultes, le Hogon est à la fois prêtre et chef politique du village.

Dans ces sculptures toujours statiques, partout se remarquent une gravité solennelle et une majesté sereine, bien servies par des schémas géométriques stricts.

Le couple ancestral apparaît souvent, chargé d'une force créatrice particulière qu'honorent chaque année des sacrifices implorant santé et fécondité pour les vivants. L'union étroite des principes masculin ou féminin, placés sur pied d'égalité s'exprime par l'équilibre des verticales et des horizontales et, plus concrètement, par le bras de l'homme passé sur les épaules de la femme (fig. 94).

Les statues aux bras levés, masculines ou féminines, sont propres à la sculpture Dogon. Il est probable qu'il s'agit là d'un geste de supplication à Amma pour obtenir la pluie, si rare dans cette région du Sahel décimé par la sécheresse. On peut aussi être tenté d'établir un lien entre ces effigies aux bras levés et les ensembles de formes verticales qui caractérisent l'architecture malienne. Toutefois, il est difficile de préciser la nature de ce lien. Certaines des statues aux bras

Ci-contre et page de droite

95-96. Homme et femme aux bras levés.
Mali. Dogon.
Statue masculine : Bois dur, patine sombre et brillante, traces de suintement résultant des offrandes d'huile. H : 118 cm.
Statue féminine : Bois dur recouvert d'une épaisse patine croûteuse rougeâtre. H : 76 cm. Musée Barbier-Mueller, Genève, pour les deux statues.

levés ont des lignes fluides et sont relativement réalistes, comme ces deux *Statues* du musée Barbier-Mueller (fig. 95 et 96), mais d'autres peuvent tendre à l'abstraction, comme la *Statue féminine aux bras levés* du Metropolitan Museum (fig. 97) dont la tête et les seins sculptés en volume surmontent un corps plat. Cette grande statue d'ancêtre féminin était probablement adossée au mur d'un petit sanctuaire. A cette "statue-planche" on peut opposer d'autres sculptures Dogon du Metropolitan Museum tout aussi abstraites, mais traitées en volumes cylindriques qui réduisent la forme humaine à ses éléments essentiels. La statuaire Dogon est toujours très pensée.

La représentation réaliste d'une autre *Statue masculine* (fig. 98) permet de nous faire une idée de l'homme dogon vivant, en costume traditionnel. Sa barbe le désigne comme un ancien du clan. Il porte une sorte de short et un bonnet de coton drapé sur la nuque. Sur son épaule, l'instrument en forme de L est à la fois arme, outil et objet rituel. Sur sa poitrine, un pendentif. Les statuettes de *Cavalier* (fig. 99) reflètent le prestige dont jouissait cet animal chez les Dogon des plaines. Le cavalier a diversement été identifié comme un Hogon (prêtre Dogon) ou comme Nommo, principe de l'ordre de l'univers et divinité de la pluie. Ces diverses statues d'ancêtres ou de divinités qui présentent un aspect lisse pourraient avoir été seulement offertes à la vue des fidèles à l'occasion de funérailles ou de cultes célébrés dans des chapelles.

Un second genre d'œuvres plus abstraites comprend des figures entièrement recouvertes de matières sacrificielles, sang et bouillie de millet, accumulées lors des cultes ancestraux et qui sont supposées apporter un regain de vitalité tant à l'ancêtre représenté qu'à celui qui offre le sacrifice.

Les Senufo

Pour ces paisibles habitants du Mali, Burkina Faso et Côte d'Ivoire, les sculpteurs sur bois, les Kulebele, ont façonné des statues destinées à servir de support aux divers cultes liés aux travaux agricoles. Elles apparaissent dans les fêtes agraires, dans les cultes de fécondité, mais peuvent aussi viser à stimuler le travail, ceci dans le cadre de sociétés

97. Statue aux bras levés.
Mali. Dogon.
H : 110,5 cm. Bois, pigments. The Metropolitan Museum of Art, New York.

secrètes très puissantes régissant tous les aspects de la vie, Poro, Sandogo, Lo. Plus que des représentations d'ancêtres, les statues sont des figures mythiques évoquant le couple originel. Elles permettent d'expliquer aux jeunes initiés les origines de la vie.

Les statues rituelles de style Deble (fig. 100) sont de grandes figures, mais leur partie inférieure a souvent disparu car elles étaient promenées lors de l'initiation des novices en frappant le sol sur un rythme lent pour implorer la fécondité. Entre les cérémonies, elles étaient gardées dans le bois sacré interdit aux non-initiés. Le visage grave et recueilli surmonte généralement des seins lourds de déesse-mère. L'impression est toute de puissance sacrée et monumentale.

Au contraire des statues Deble, de nombreuses sculptures senufo sont de petite taille, comme celles qui sont placées au sommet des "Bâtons de champions" (fig. 101). Des compétitions sont organisées entre jeunes agriculteurs, au terme desquelles ce bâton est remis au vainqueur. C'est le plus grand honneur qu'un jeune Senufo puisse recevoir. Dans l'exemplaire du musée Barbier-Mueller, la figurine féminine a le faciès allongé, stylisé en forme de cœur, et les longs seins pendants, typiques du canon de beauté senufo, que le sculpteur a voulu rehausser par le soin apporté à rendre la coiffure et les détails du siège. Bien loin d'être une statue d'ancêtre, cette jeune femme évoque la fécondité et l'avenir. Elle figure l'épouse recherchée.

Chez les Gouro et les Baoule

Établis au sud des Senufo dans le centre de la Côte d'Ivoire, les Gouro ont un art apparenté à celui des Senufo, mais marqué par un extrême raffinement. Leurs *Poulies de métiers à tisser* (fig. 201 et 202) sont surmontées de têtes, souvent féminines, d'une grande élégance, qui incarnent l'esprit protecteur du travail. Parmi les statues en pied, plus rares, celle du musée Barbier-Mueller est la figuration de l'âme d'une *Femme ancêtre* (fig. 102). Par son intermédiaire, doublé de l'intervention du devin, elle transmet aux vivants des nouvelles des morts et inversement. Conçue comme une image de beauté, sans être un portrait, elle incarne la femme aimée de celui qui l'a commandée.

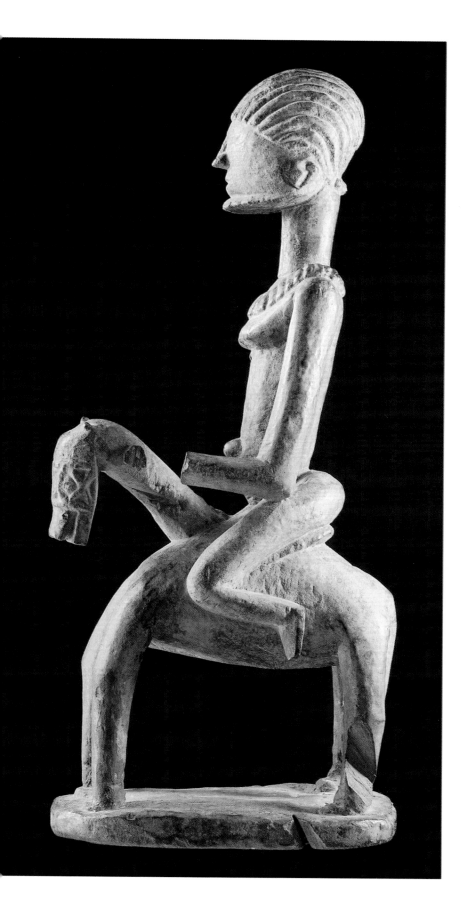

98. Statue d'homme debout.
Mali. Dogon.
Bois H : 64,5 cm. The Metropolitan Museum of Art, New York.

99. Cavalier.
Mali. Tellem ou Dogon.
Bois dur avec patine grise mate. H : 46 cm. Musée Barbier-Mueller, Genève. C'est le collier de pierres plates qui a fait attribuer à cette statue une origine Tellem, les Dogon ont des statues comparables, à l'exception des parures et de la coiffure qui diffèrent.

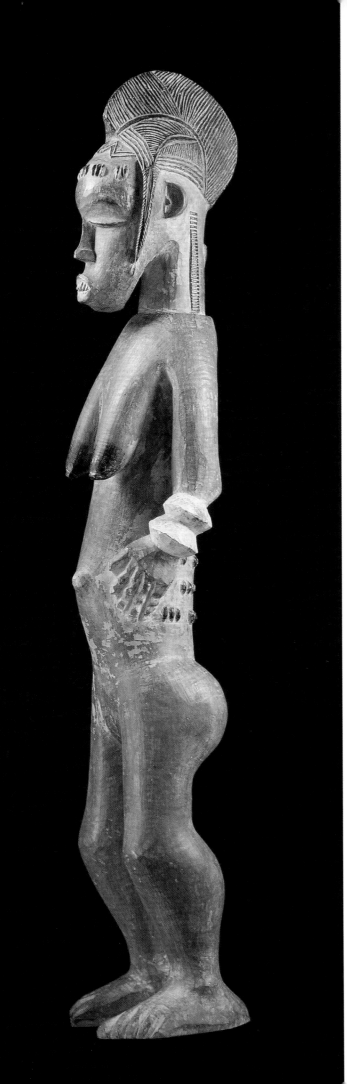

100. Statue rituelle Deble de la société Lo.
Côte d'Ivoire. Senufo.
(Cercle de Korhogo).
Bois. H : 95 cm. Museum
Rietberg, Zurich.

101. Sommet d'un bâton décerné à un jeune "champion cultivateur" (Tefalipitya) Côte d'Ivoire. Senufo.
H totale : 164 cm. H personnage : 34,2 cm.
Musée Barbier-Mueller,
Genève.

102. Statuette.
Côte d'Ivoire. Gouro.
Bois dur avec restes de polychromie (blanc, noir, rouge). H : 80 cm. Musée Barbier-Mueller, Genève.

105. Figure féminine d'un esprit. (anjenu)
Nigéria. Idoma.
Bois, pendants d'oreilles en métal, boutons de fabrication européenne, pagne. H : 73 cm. Musée Barbier-Mueller, Genève.

Le peuple Baoule, au centre de la Côte d'Ivoire, possède une longue tradition artistique qui n'est pas sans liens avec l'art gouro. Ce sont des statuettes baoule qui, les premières, au début de ce siècle, ont été appréciées par les artistes français. Vlaminck en avait acheté une (fig. 103), surpris, séduit peut-être par la nouveauté de la morphologie de cet homme. L'œuvre était pourtant conforme aux traditions de la statuaire baoule : grosse tête, buste long et étroit, bras presque atrophiés collés au corps. Vlaminck avait aussi certainement apprécié tout le raffinement du visage digne et pensif, la précision dans le rendu de la coiffure, les scarifications détaillées comme des ornements. Pour cette préciosité des surfaces lentement ouvragées, il est probable que les Baoule ont transposé dans le bois les qualités déployées en orfèvrerie par leurs voisins Akan.

Du temps de Vlaminck, on voyait dans ce genre de figurine des "statues d'ancêtres". On sait maintenant qu'il n'en est rien et on les répartit en deux groupes. Le premier pourrait représenter des esprits de la nature qui errent dans la brousse, décrits tour à tour comme hideux ou très beaux. Ces esprits étaient supposés avoir le pouvoir de posséder des humains, de les utiliser comme médiums et de s'incarner dans des statuettes intervenant dans des séances de divination. Il ne fallait surtout pas irriter ces esprits mais au contraire se les concilier en leur offrant une belle image dans laquelle s'incarner. La statuette achetée par Vlaminck pourrait peut-être appartenir à cette catégorie d'œuvres.

On range dans le second groupe les "époux de l'autre monde". Chaque Baoule, quel que soit son sexe, était supposé avoir eu dans l'au-delà un conjoint qu'il avait abandonné pour entrer dans le monde des vivants, s'exposant ainsi à sa colère. Si l'époux de l'autre monde tourmente le vivant par des maladies ou des rêves, celui-ci, conseillé par un devin, fait sculpter un portrait placé sur un autel avec des offrandes, afin de l'apaiser. La statuette de *Femme enceinte* du musée d'Afrique et d'Océanie de Paris (fig. 104), au visage si triste, pourrait exprimer les reproches d'une épouse de l'au-delà abandonnée. On note toutefois qu'il est très difficile de savoir si une statuette baoule relève de l'une ou l'autre de ces catégories.

Pour une dernière série de statues, au contraire, aucun doute à avoir, elles représentent des singes portant une coupe dans laquelle on dépose des œufs en offrande. Ce

103. Statue d'homme assis.
Côte d'Ivoire. Baoule.
Bois dur à patine noire
brillante H : 63 cm.
Musée d'Art moderne de
la ville de Paris.
Cette statuette a appartenu à Vlaminck.

104. Statue de femme enceinte.
Côte d'Ivoire. Baoule.
Bois dur à patine rouge
sombre. H : 55 cm.
Musée d'Afrique et
d'Océanie, Paris.

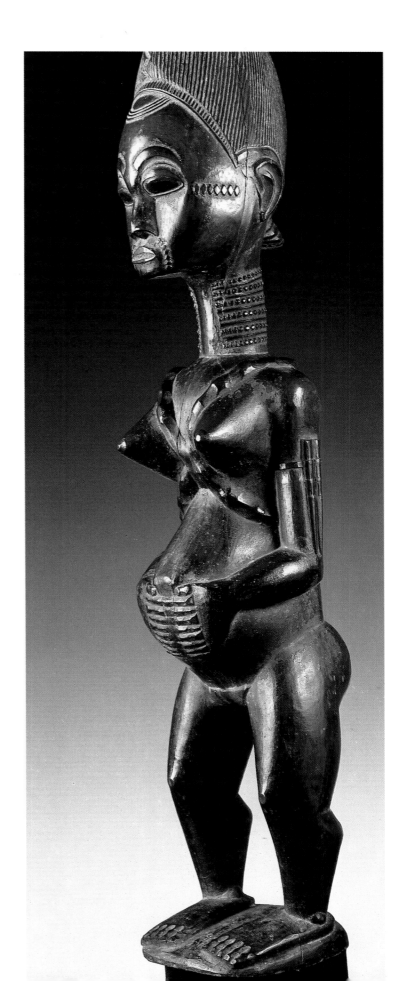

106. Effigie d'un ancêtre masculin.
Cameroun. Mambila.
Bois mi-lourd, patine
croûteuse noire.
H : 45 cm. Musée Barbier-
Mueller, Genève.

sont des évocations de divinités de brousse d'aspect effrayant avec leur enduit de sang coagulé. On s'adresse à ces esprits en dernier ressort, quand toutes les autres interventions se sont révélées impuissantes.

Dans l'Est du Nigéria, une mosaïque d'ethnies

Parmi les habitants de cette région se trouvaient dans le passé les Ibo, qui ont été repoussés dans les forêts et les hauts-plateaux par l'arrivée des Yoruba. Certaines des statues Ibo qui nous sont parvenues sont d'une remarquable qualité. Généralement en position frontale, le corps étiré en hauteur, tendance que renforce encore l'allongement du cou souvent paré de colliers, ce ne sont pas des portraits mais des images stylisées, empreintes d'une grande solennité. On ne peut les concevoir autrement que comme des objets sacrés.

Une *Statue féminine* parée de lourds bijoux pourrait être une ancêtre féminine, image de fécondité dont les seins opulents et la silhouette générale ne sont pas sans rappeler les statues Deble des Senufo.

Quant aux *Figures d'ancêtres masculins*, la stylisation de leurs formes et la discrétion de leurs couleurs en font des êtres hiératiques, desquels émane une autorité menaçante. Ces images sont bien faites pour perpétuer la mémoire des chefs défunts.

Parmi les Ibo, à côté de nombreuses représentations de divinités locales, on trouve dans la province d'Onitsha des statues accompagnées d'objets multiples et qui ne sont pas sacralisées, les *ikenga.* L'homme représenté est toujours surmonté de cornes de bélier dont les spirales symbolisent la force en expansion. Il tient d'une main un couteau à longue lame, et de l'autre une tête d'ennemi sculptée en bois, le tout accompagné d'autres attributs, selon la personnalité du propriétaire. Chaque homme, à son mariage, achète une *ikenga,* bariolée de couleur vive. D'autres, plus grandes, sont détenues par des communautés. Toutes sont supposées assurer bonheur et prospérité au groupe social concerné, famille et confrérie. Jadis, on détruisait les *ikenga* à la mort de leur propriétaire, mais maintenant on les place sur les autels familiaux.

Au sud de la Bénoué, les Idoma, accordent dans leur vie quotidienne une place importante aux ancêtres. La résurrection des défunts est un élément important de leur religion. D'autre part, le culte des esprits de la nature, *anjenu,* est célébré par l'intermédiaire de statues conservées dans des sanctuaires. Un esprit protecteur en particulier habite l'eau ou la brousse et peut apparaître en rêve. Généralement bénéfique, une *anjenu* favorise les transactions commerciales, facilite la guérison des malades, et surtout rend les femmes fécondes. C'est dans ce but que les hommes visitent la prêtresse qui détient une de ces effigies, telle la *Figure féminine d'un esprit* du musée Barbier-Mueller (fig. 105). L'évocation d'un esprit se devait d'être imposante. Le sculpteur confronté à cette création a juxtaposé deux éléments : pour le visage, l'image d'un masque traditionnel de cette ethnie, peint en blanc et présentant les scarifications habituelles. Mais pour le corps, il a cherché à créer, en dehors de tout modèle connu, une image hiératique et grandiose qui situe cette statue aux antipodes de l'habituelle statue d'ancêtre. Le but poursuivi était de suggérer une puissance surhumaine, sans commune mesure avec le monde des vivants. Le sculpteur, de toute évidence, a atteint son but.

Les Ijo de la région marécageuse du delta du Niger sont des pêcheurs et des agriculteurs. Ils croient que les ancêtres et les esprits peuvent surgir à nouveau des eaux et en donnent des représentations souvent réduites à une stricte géométrie. Des autels sont consacrés à leur culte. Dans un cadre de bois figure un personnage central en pied entouré de ses serviteurs de taille plus réduite. Ces statues ne sont pas monoxyles ; tronc et membres sont assemblés par des liens. Les têtes de structure cubiste visent à une impression de férocité. Si un ancêtre doit être ajouté au panthéon familial, on place une tête supplémentaire en ronde bosse au sommet du cadre.

Dans les chefferies du Cameroun et au Gabon

Au Cameroun, dans la région des Grassland, les sculptures sont souvent des effigies royales ou des représentations de personnages de la cour des différents chefs. Elles font l'objet d'une étude spéciale (voir chap. III). Mais les habitants des villages, tout le petit peuple, avaient aussi un art propre, toujours expressif et vigoureux. Dans un cadre général de croyances animistes, ils rendaient un culte à des divinités tutélaires, esprits ou ancêtres.

107. Statue
Cameroun. Bamileke, Bangwa.
Bois. H : 81 cm.Collection Dartevelle, Bruxelles.

Les Mambila, vivant à la frontière du Nigéria-Cameroun, pensent que l'intercession des esprits des ancêtres est indispensable au bonheur des vivants qui ne s'adressent pas directement à l'Être suprême. Les statues sont des reposoirs de ces esprits qu'il importe d'apaiser par des offrandes. Toute en intensité et en vigueur, toute de puissance concentrée, l'*Effigie d'un ancêtre masculin* du musée Barbier-Mueller (fig. 106) exprime bien une vision de l'ancêtre considéré à la fois comme bénéfique et maléfique. Les offrandes seront bien nécessaires pour l'apaiser !

Rattachés au grand groupe ethnique des Bamileke, les Bangwa ont créé des statues commémoratives particulièrement expressives, qui échappent à la stricte frontalité. L'une d'elles (fig. 107) dans la collection Dartevelle de Bruxelles, donne une vivante image du "penseur" au corps émacié, tandis que toute son énergie semble concentrée dans la tête.

Entre Cameroun et Gabon, le groupe ethnique des Fang a produit des statues d'ancêtres d'une grande puissance plastique. Les volumes, bien que courbes, sont toujours durs et tendus. Le corps schématisé et le visage à l'expression boudeuse et intense permettaient de créer des figurines chargées d'une très forte "présence", comme la *Statue d'ancêtre mabéa* du musée Barbier-Mueller. (fig. 108)

Au Gabon, des ethnies diverses vivant sous le couvert de l'écrasante forêt équatoriale pratiquaient un culte des ancêtres particulièrement important, qui unissait intimement et de façon permanente vivants et morts (fig. 109). Dans ce but, les ossements des ancêtres étaient conservés dans des "reliquaires" pour le culte du Byeri. Nous les étudierons séparément dans le chapitre VI, et n'évoquerons ici rapidement que les statues d'ancêtres indépendantes. Chez les Tsogho, les statuettes Gheonga sont des entités mythiques représentant des ancêtres défunts. Elles peuvent intervenir dans le rituel d'un culte ancestral, le Bwiti, ou bien dans les cultes familiaux. Peu sacralisées, elles ont surtout un but commémoratif, mais sont supposées posséder un pouvoir protecteur si on leur ajoute des substances magiques.

108. Statue d'ancêtre.
Cameroun. Mabea (Fang).
Bois mi-lourd, patine
brillante pour le corps.
Les cheveux sont teintés
en noir. Bracelets en
métal. H : 70 cm. Musée
Barbier-Mueller, Genève.

Le grand foyer artistique du Zaïre

Le Zaïre, dans le bassin du fleuve Congo, est l'un des plus importants foyers artistiques de l'Afrique noire, riche en productions nombreuses et remarquables, notamment en statues de défunts de toutes sortes.

Chez les Kuba, dans le Centre et le Sud du pays, les œuvres les plus célèbres sont les *ndop,* une série de statues royales. Ce ne sont pas à proprement parler des statues d'ancêtres, car ce genre de culte semble inconnu des Kuba. Toutefois, les statues royales jouaient un rôle au moment de la mort d'un souverain : avant son décès, on disposait à côté de lui sa statue qui avait pour but de recueillir la force vitale et de la restituer au nouveau souverain allongé près d'elle au cours de la cérémonie d'initiation. Comme bien souvent en Afrique, la statue est là pour servir de support à une âme de défunt, constituer un relais en attendant une nouvelle incarnation.

On connaît par les chroniques l'existence de cent vingt-quatre rois Kuba mais dix-neuf statues seulement ont été conservées. Statues contemporaines des souverains représentés ou refaites ultérieurement ? L'énigme reste pour le moment sans réponse. Le plus célèbre de ces rois, Shamba Bolongongo, conquérant et philosophe, vénéré comme un sage et un héros divin, régna au début du XVIIᵉ siècle. C'est lui qui aurait appelé dans son royaume des sculpteurs de talent et aurait instauré la tradition des statues royales. Chaque roi est représenté assis sur un siège cubique, jambes croisées, coiffé du bonnet à visière orné de cauris et de perles porté pendant les cérémonies d'investiture. Devant chaque souverain se trouve un objet symbolisant un fait marquant de son règne. Kata Mbula (fig. 110), qui régna de 1800 à 1810, porte en signe de paix le couteau de bois par lequel Shamba Bolongongo avait remplacé l'arme de guerre. Devant lui, le tambour royal. Plein de force et d'énergie, ce portrait idéalisé respire la dignité et l'autorité.

Les voisins septentrionaux des Kuba, les Ndengese ont subi leur influence artistique. Ils ont produit de belles statues hiératiques (fig. 111) dont la destination reste vague. Portraits d'ancêtres ou effigies funéraires ? La plastique du tronc allongé, couvert d'un réseau serré de scarifications, diffère totalement de celle de la tête lisse, expressive et digne. Le

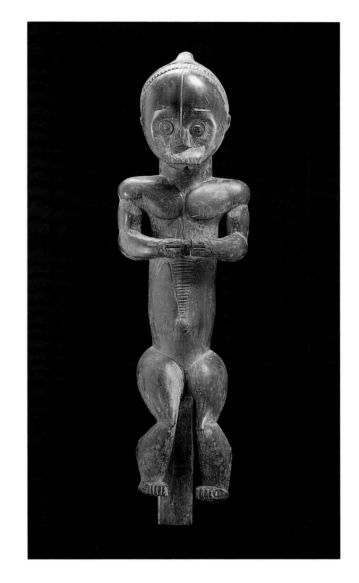

109. Statue d'ancêtre du Byeri.
Gabon. Ndoumou (Fang). Bois dur, patine foncée et brillante. H : 54 cm. Musée Barbier-Mueller, Genève.

110. Effigie commémorative de Kata-Mbula, 109ᵉ roi des Kuba.
Bois lourd et poli.
H : 51 cm. Musée royal de l'Afrique centrale Tervuren.

corps est brusquement coupé au niveau des hanches servant de socle.

Chez les Tshokwe, tout au sud du Zaïre, l'art participe d'une inspiration guerrière. Il n'y a pas de véritables cultes ancestraux. Néanmoins, certaines statues sont des portraits d'ancêtres du lignage. La *Statue de femme principale de chef ou de reine-mère* du musée Barbier-Mueller (fig. 113) reflète dans son allure le dynamisme et la puissance de cet art de cour illustré par le héros Tshibinda Ilunga, dont cette femme reproduit certains traits physiques.

Dans la région du bas-fleuve, au sud-ouest du Zaïre, la majorité des statuettes sont des "fétiches" ou "des statues à clous" qui font l'objet d'une étude spéciale au chapitre VII. Mais il existe aussi des statues d'ancêtres, très importantes pour les Kongo qui considèrent que l'ancêtre idéalisé reste toujours présent parmi ses descendants pour les protéger. L'une d'elles, aux musées royaux d'Art et d'Histoire de Bruxelles, représente une *Femme agenouillée* (fig. 114) dont le visage aux yeux clos irradie une intense vie intérieure, tandis que les mains sur les genoux expriment le respect et la soumission.

Provenant de l'ethnie des Sundi, proche des Kongo, on conserve au Museum Rietberg de Zurich une autre *Statue commémorative* (fig. 115), effigie d'ancêtre coiffé de la calotte des hauts dignitaires du XIXᵉ siècle. Ce genre de statue, placée dans une chapelle funéraire, représentait souvent un guérisseur ou une accoucheuse célèbre, et les prêtres venaient leur rendre hommage et recevoir leurs conseils après avoir offert des sacrifices.

Dans le sud-est du Zaïre, pour le grand groupe des Luba-Hemba, héritiers d'un passé artistique de haut niveau, les statues de défunts jouent un rôle important. L'ancêtre Luba (fig. 116) ou Hemba (fig. 117) veille debout dans des cases funéraires obscures en forme de ruche ou de mausolée de chef. Tout ici est sérénité. Les volumes du corps glissent harmonieusement et s'emboîtent sans rupture, dominés par un visage aux courbes nobles traduisant une vie intérieure sans heurts. Les yeux importants, mais fermés, contribuent à créer une impression de réflexion concentrée, presque triste, comme il sied à un chef responsable de son clan. Responsable et attentif, même depuis l'autre monde, aux requêtes de ses descendants qui, durant les cultes ancestraux, appellent et nomment doucement chacun des défunts.

Les porteuses de coupe Luba sont également des statues du premier ancêtre féminin. L'une d'elles est l'œuvre inoubliable du sculpteur identifié comme le Maître de Buli (fig. 155, p. 168). Baptisées à tort "Mendiantes", ces femmes ont pour fonction réelle de porter aide aux accouchées. On les place devant les huttes des jeunes mères afin que les passants y déposent leurs offrandes.

A l'opposé de l'harmonie et de la réserve des Luba-Hemba, les Boyo ont un art éclatant de vigueur et de dynamisme. Les effigies d'ancêtres permettent aux esprits des chefs défunts de rester présents pour guider leur peuple. La statue d'une collection particulière représentant un *Ancêtre du roi* (fig. 118) incarne à merveille cette fonction de chef. Les volumes puissants et nettement dessinés se soudent en articulations vigoureuses qui ne laissent nul espoir à un adversaire éventuel. Les motifs décoratifs eux-mêmes concourent à cette cohésion sans faille. L'autorité ici est fondée sur la force exprimée par un schéma artistique d'une grande puissance. Le frère Joseph Cornet, grand spécialiste de l'art du Zaïre, a vu dans cette statue "une des pièces essentielles de l'art congolais".

En comparaison de tous les chefs-d'œuvre produits dans le Centre et le Sud du Zaïre, le Nord semble moins favorisé. On trouve cependant chez les Ngbaka, à côté de pièces assez frustes, quelques créations puissamment stylisées où se manifeste un grand sens plastique. Ces statues ne représentent pas des ancêtres, car ceux-ci n'ont plus de visage humain, mais des esprit tutélaires, ceux du couple légendaire, Seto et sa sœur Nabo. Dès l'aube, le chef de famille sort ces figurines (fig. 119) de sa case en les suppliant de le protéger le jour durant, et il leur offre des sacrifices si besoin est.

111. Statue commémorative d'un chef. Zaïre. Ndengese. H : 68 cm. Collection d'Ethnologie, Université de Zurich.

Des statues pour quel public ?

La logique européenne veut qu'une statue soit exposée dans un lieu public, église, jardin, rue, ou dans un lieu privé, comme un palais. Elle est toujours destinée à être vue. Ce n'est pas forcément le cas en Afrique noire. Certaines, détenues par des sociétés secrètes comme le Poro, sont conservées dans des lieux ou bosquets sacrés et ne sont

montrées qu'aux initiés. D'autres figurines sont habituelle-ment enveloppées et cachées en dehors des cérémonies rituelles. Chez les Yoruba, les images de jumeaux défunts sont conservées par leur mère dans une calebasse fermée. On rapporte même le cas d'un prêtre d'Ife qui n'a pas le droit de voir la tête de bélier dont il célèbre le culte.

Au début de ce siècle encore, les Africains étaient persua-dés de l'existence d'une puissance réelle détenue par ces statues et s'attendaient à voir tomber malades ou mourir ceux qui auraient enfreint les interdits. On conseillait aux femmes enceintes de ne pas regarder ces sculptures "de peur que leur enfant n'ait comme les statues de gros yeux et un long nez".

113. Statue de femme principale de chef ou de reine-mère.
Angola. Tshokwe.
Bois dur, patine brillante.
H : 33 cm. Musée
Barbier-Mueller, Genève.

114. Femme age-nouillée.
Zaïre. Kongo.
Bois. H : 57 cm. Musées
royaux d'Art et d'Histoire.
Bruxelles.

Page de droite

115. Statue commémo-rative. Bas-Congo. Sundi.
H : 51 cm. Museum
Rietberg, Zurich.

117. Effigie d'ancêtre du roi.
Zaïre. Hemba. Bois mi-lourd, patine mate.
H : 75,5 cm. Musée Barbier-Mueller, Genève.

116. Statue d'ancêtre.
Zaïre. Luba.
Bois. H : 62 cm.Collection privée.
"Il définit un véritable classicisme de l'art nègre" dit de lui le Frère Cornet.

118. Statue représentant un ancêtre du roi.
Zaïre. Boyo.
Bois. H : 98 cm.
Collection privée.

128

119. Statuette.
Zaïre. Ngbaka.
Bois. H : 26 cm.
Collection privée.
Image de Séto, person-
nage masculin du couple
primordial. Le visage en
forme de cœur est
typique de cet art.

Pour se concilier
les forces occultes,
les reliquaires

Parmi la multitude de statues d'ancêtres plus ou moins réalistes, destinées à perpétuer le souvenir des fondateurs des clans à travers des cultes familiaux ou collectifs, il faut mettre à part des objets qui unissent, en un seul tout matériel, des vestiges humains, crânes et/ou ossements, et une statuette ou une tête sculptée. L'ensemble ainsi créé est connu (par les collectionneurs occidentaux) sous le nom de "reliquaire". Celui-ci exprime d'une manière très forte la persistance et l'autorité des défunts qui restent ainsi doublement présents, au plan matériel d'abord, puisque des ossements sont conservés, au plan mythique ensuite, à travers la figurine qui n'est jamais un portrait, mais une évocation abstraite de l'ancêtre. Il est porteur de signes que tous les initiés comprennent.

Il faut se garder de confondre les reliquaires, qui étaient associés à des vestiges humains dans le cadre des cultes ancestraux, et les fétiches, qui ne contenaient que des charges magiques et avaient un rôle essentiellement apotropaïque.

L'impact visuel et psychologique des figures de reliquaires est d'autant plus fort qu'elles ne sont pas réalistes. Elles suggèrent un être irréel souvent plus proche du fantôme que de la réalité, destiné à servir de réceptacle et de lieu de séjour à l'esprit du défunt tout en focalisant sur lui la pensée et l'inconscient des vivants.

Page de gauche

120. Figure de reliquaire, Bwiti.
Gabon. Mahongwe. Bois décoré de lamelles et de plaques de laiton. H : 38,2 cm. Musée Barbier-Mueller, Genève. Apparition irréelle d'une rare perfection formelle, cette figurine reste troublante même pour nous, Occidentaux. Elle peut certainement être rangée parmi les grands trésors de l'art mondial.

121. Figure de reliquaire, Mbulu Ngulu.
Gabon. Obamba
Ndoumou.
Bois décoré de lamelles
et de plaques de cuivre.
H : 42,8 cm. Musée
Barbier-Mueller, Genève.

Ce qu'en pensent les Africains

Jusqu'à une époque très récente, les reliquaires ont inspiré aux Africains des sentiments intenses de terreur incontrôlée et de respect. L'ethnologue Georges Balandier raconte, dans *Afrique ambiguë* (1963), comment, au cours de l'un de ses voyages, il a vu réagir les Africains qui l'entouraient lorsqu'il leur présenta à brûle-pourpoint un reliquaire Fang. Étonnement, recul. "L'un des jeunes hommes se risqua à constater : "C'est un Byeri". Les chefs de famille en possédaient autrefois dans leurs cases." Balandier précise que la statuette reposait sur des calottes crâniennes teintes en rouge, empilées comme les pièces d'un service à vaisselle, saupoudrées de très fines granelures noires dans lesquelles les spectateurs africains voient "du nsou noir, le plus terrible des poisons fabriqués par nos féticheurs. Ne touche pas toi-même, tu mourrais !" Aucun argument ne put les faire changer d'avis.

Les informateurs de Balandier situent à juste titre les rites faisant intervenir des reliquaires dans un "autrefois" vague, une ou deux générations en arrière, mais leur emploi remonte beaucoup plus loin.

Étant donné le caractère mouvant des populations vivant dans le Sud du Cameroun et au Gabon, dans le bassin de l'Ogoue, il est impossible de retracer exactement l'histoire de ces ethnies diverses et nombreuses, Kota et Mahongwe, Ambete, Fang, Tsogho, Sango et bien d'autres. Mais on connaît relativement bien certains aspects ethnologiques et sociologiques de leur vie et l'on sait que les sociétés secrètes étaient nombreuses et puissantes. Citons la plus connue, le Bwiti ou Bwete, active en particulier chez les Tsogho. Il s'agissait d'une confrérie réservée aux hommes, qui y entraient à la suite d'une initiation pénible faisant intervenir une plante hallucinogène qui favorisait la vision des esprits. D'autres confréries regroupaient les femmes et les aidaient dans leur vie sociale.

Le Bwiti des Tsogho célébrait les cultes ancestraux. Chez les Fang, des rites similaires s'accomplissaient dans le cadre du Byeri, auquel fait allusion Balandier. Bwiti et Byeri étaient proches par les concepts mis en jeu, qui sous-tendaient également les cultes familiaux destinés à compléter ceux des confréries.

Le but de ces rites était toujours de maintenir un contact étroit entre les vivants et le monde de l'au-delà. Aux yeux des Africains des régions équatoriales, le vivant n'était qu'un aspect passager et partiel d'un ensemble cosmique. L'autre face de ce tout, le monde des esprits, de la mort, n'avait pas moins de réalité. Comme le dit Louis Perrois, dans *Art ancestral du Gabon* : "Rien n'est dû au hasard, ni la naissance (réincarnation), ni la mort (sorcellerie). Esprits familiers, esprits des ancêtres ou monstres effrayants de la nature, fantômes de morts mécontents ou même doubles des vivants, l'immense peuple des ombres est omniprésent dans la vie quotidienne des vivants".

Au rôle religieux du reliquaire s'ajoutait un rôle politique : il légitimait le pouvoir des chefs par la possession des crânes et reliques divers des chefs successifs qui avaient dirigé le clan antérieurement.

Il faut bien remarquer que l'importance relative de la figurine sculptée et des ossements n'est pas la même pour un Noir que pour un Blanc. Pour ce dernier, c'est la figurine qui retient toute l'attention et paraît capitale. Pour un Noir, au contraire, ce sont les ossements, les reliques, qui sont au centre des cérémonies. "L'objet de bois n'est que le support matériel de l'idée qu'on se fait des ancêtres. Il sert à recréer l'image des morts et à leur redonner une sorte de vie symbolique", précise Louis Perrois.

En ce qui concerne la réalisation plastique, les reliquaires avaient des formes très différentes selon les ethnies. Parfois, une figurine ou une tête était plantée par une tige dans le paquet de reliques contenues dans un panier ou un tissu. Ailleurs, une statuette ou une tête surmontait une boîte contenant les crânes, ailleurs encore, la statue était creuse et les ossements se trouvaient à l'intérieur.

Les différentes ethnies dites "Kota"

Sous ce nom de Kota, on désigne de nombreuses ethnies vivant dans l'Est du Gabon. Au plan esthétique, elles relèvent d'un même courant culturel venu du nord, mais les formes des figurines varient.

Les reliquaires jadis attribués aux Ossyeba mais maintenant rendus aux Mahongwe, semblent être les plus anciens.

122. Figure de reliquaire, Mbulu Ngulu..
Gabon. Obamba Ndoumou.
Bois décoré de lamelles et de feuilles de laiton et de cuivre. H : 41 cm.
Musée Barbier-Mueller, Genève.

123. Figure de reliquaire biface. Gabon. Ndassa Woumbou. Bois décoré de plaques de cuivre, de laiton et de fer. H : 54,2 cm. Musée Barbier-Mueller, Genève. L'opposition concave-convexe et abstrait-réaliste avait certainement de nombreuses significations qui sont perdues pour nous.

Ils sont aussi les plus abstraits et, de très loin, les plus impressionnants. Constitués d'une structure en bois plate dessinant une feuille, ils sont entièrement recouverts de fines lamelles de laiton. On a jadis voulu voir dans leur forme une tête de serpent naja, mais ce n'était là que fantasme d'ethnologue non confirmé par les informateurs locaux. Tous les détails de la figurine (fig. 120) suggèrent un au-delà sans lien avec le monde des vivants. La fonction visuelle est la seule qui subsiste, avec des yeux ronds placés bas, dont l'importance est accrue par le fait qu'ils sont seuls dans le visage. Sous les yeux, des fils de laiton verticaux figurent peut-être des larmes. La bouche, inutile, a disparu. Aucun message ne parvient de l'autre monde. Le nez est réduit à une fine lame, et le chignon qui domine le tout pourrait être un rappel de la coiffure traditionnelle des vieux initiés Mahongwe.

Le long support - faut-il parler de cou ? - que surmontent ces visages contribue encore davantage à les hausser dans un monde irréel, et à faire d'eux des apparitions oniriques d'où émane une étrange fascination.

Les Shamaye ont produit des reliquaires d'un style intermédiaire entre les Mahongwe et les Kota proprement dits. Rares sont ces pièces à la face en amande auréolée d'une sorte de coiffe enveloppante qui enserre le visage. Comme chez les Mahongwe, la bouche a disparu. A sa place parfois, une plaquette de laiton ciselée de motifs décoratifs exprime avec beaucoup de force l'incommunicabilité de l'au-delà.

Moins abstraits, les différents reliquaires Kota semblent plus proches du monde des vivants (fig. 121). Les *mbulu ngulu* des Obamba et Ndoumou sont des pièces classiques. Le visage est toujours revêtu de métal, cuivre ou laiton, travaillé soit en feuilles soit en fils juxtaposés. Bien que ces figures soient destinées à être vues en deux dimensions, le jeu des plans convexes et concaves définit un relief non négligeable. Le dessin général, fondé sur une stricte géométrie, est souligné par le traitement de surface du métal strié ou quadrillé. L'ovale de la coiffe double harmonieusement celui du visage.

La figurine est placée sur un piètement en losange rappelant le motif de la pirogue du Centre-Gabon, à signification sexuelle.

D'autres reliquaires portent au revers des motifs variés, une grande fente, un triangle ou un losange dont le sens

124. Reliquaires vus par P. S. de Brazza. "Voyages dans l'Ouest africain". Le Tour du Monde, Paris 1887.

125. Reliquaire complet, Mbumba Bwiti. Gabon. Sango. Bois, lamelles de cuivre, clous (panier avec crânes humains). H : 30 cm. Musée Barbier-Mueller, Genève.

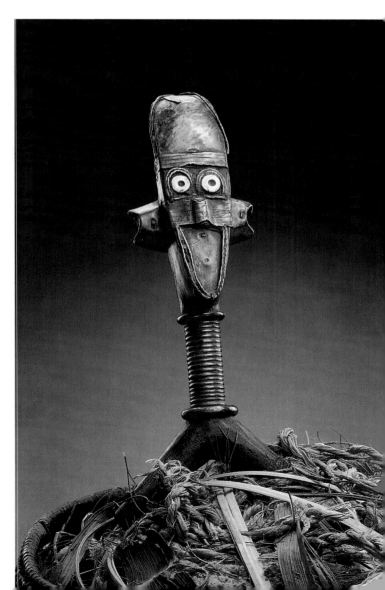

reste inconnu : emblème de clan ou de confrérie, symbole magique de protection ou plus simplement symbole féminin.

Les variantes de forme sont nombreuses. Citons, toujours pour les Obamba et Ndoumou une figurine (fig. 122) qui laisse deviner, derrière l'harmonie ronde de ses formes, une recherche de polychromie par l'opposition du laiton et du cuivre. Les fils ou lamelles métalliques de revêtement de surface sont remplacés ici par des plaques travaillées de fins motifs repoussés, et l'impression générale est moins austère.

On peut s'interroger sur le sens de certaines figurines bifaces (fig. 123), présentant un visage concave abstrait et dépourvu de bouche, adossé à un visage convexe réaliste pourvu d'une bouche aux dents bien visibles.

A l'origine, pour tous ces reliquaires Mahongwe et Kota, le piètement de la figurine était planté dans un paquet de reliques. Un dessin illustrant le récit de P. S. de Brazza, "Voyages dans l'Ouest africain" *in Le Tour du monde,* Paris 1887-1888, les montre en situation et confirme ce point (fig. 124).

On a d'ailleurs retrouvé chez les Sango au sud du Gabon, des reliquaires (fig. 125) qui ont conservé leur paquet de reliques. Ils étaient liés à des rites célébrés dans le cadre du Bwiti. Dans ces figurines, la face surmonte un cou démesuré-

**129.Statue dont la
tête forme le couvercle
d'un reliquaire.**
Congo. Ambete.
Bois. H : 80 cm.
D : 22 cm. Musée de
l'Afrique et de l'Océanie,
Paris.

127. Tête de reliquaire.
Gabon. Sous-style Betsi,
vallée de l'Okano (?).
Bois suintant, cuivre.
H : 36 cm. Musée Barbier-
Mueller, Genève.
Au sommet de la tête, un
double tenon permettait
de fixer des plumes
d'aigle ou de touraco.

Page de droite

**126. Statue masculine
d'ancêtre, éyéma-o-
byeri.**
Gabon. Fang du Nord,
sous-style Ndoumou.
Bois à patine brun clair.
H : 44 cm. Musée Barbier-
Mueller, Genève.
Exemple de statuette de
proportions longiformes
rencontrées chez les Fang
du nord. Les jambes ont
disparu. Quand elle était
complète, la statuette
était assise sur un coffre-
reliquaire.

ment long, et la silhouette se déséquilibre au point qu'on ne sait plus parfois si le losange traditionnel correspond aux bras ou aux jambes. La surface du visage est recouverte de lamelles métalliques assez larges. Il n'est pas possible de parler ici d'abstraction ou de réalisme, il s'agit plutôt d'une vision stylisée à l'extrême.

Normalement invisibles à l'intérieur du panier, les crânes reliques pouvaient être extraits de cette enveloppe par les initiés et recevoir des offrandes et des sacrifices qui les arrosaient de sang pour concilier aux vivants la bienveillance des défunts.

L'emploi du métal, régulièrement frotté au sable pour en aviver l'éclat, était destiné à renforcer l'impact psychologique de ces figurines lorsqu'elles étaient présentées, brillant dans la pénombre, au cours de rites nocturnes. Le reste du temps, les reliquaires étaient groupés par clans dans l'ombre d'une hutte consacrée, à l'abri des regards profanes, mais à proximité du village.

Chez les Fang

Le tableau se situe tout à l'opposé de ce qui vient d'être dit pour les Kota. Les tribus Fang et apparentées (Ndoumou, Okak, Betsi, Nzaman) vivent au nord et à l'ouest du Gabon et au sud du Cameroun. Dans le passé, les cultes ancestraux se conformaient au rituel traditionnel fixé par les confréries, So et Byeri en particulier.

La statuaire Fang a produit de nombreuses statues d'ancêtres qui, dans le cadre du Byeri, pouvaient être placées, souvent en position assise, sur de grandes boîtes-reliquaires rondes en écorce contenant les ossements des ancêtres (fig. 126) qu'elles étaient supposées garder ou évoquer.

Tantôt longiformes chez les Fang du Nord, tantôt bréviformes chez ceux du Sud, les statuettes Fang sont toujours constituées de volumes denses et durs, très tendus.

Bien souvent, chez les Fang du Sud, le reliquaire n'est pas surmonté d'une statue, mais d'une tête seulement (fig. 127 et 128). Cette dernière est coiffée d'un casque-perruque à tresse ou d'un casque-perruque à cimier central comportant trois crêtes. Plus rarement, on peut trouver un chignon transverse disposé en couronne. On retrouve dans ces visages la tension formelle qui caractérise les corps des statuettes. Sous le front fortement bombé, le nez est en retrait, mais le menton se projette vers l'avant, avec la bouche généralement boudeuse, lèvres serrées.

Alors que les figurines de reliquaires Kota étaient simplement montrées aux fidèles autorisés à les voir, chez les Fang, le responsable des rites sépare les statuettes ou têtes de leurs reliques et les utilise comme des marionnettes qu'il agite au-dessus d'un pagne tendu entre deux arbres pour les présenter à l'assistance réunie. Leur structure en trois dimensions se justifie donc pleinement.

Les reliques sont intégrées à la statue

Pour tous les reliquaires évoqués jusqu'ici, la statuette ou figurine se trouvait au-dessus des reliques. Une autre solution plastique consiste à les placer à l'intérieur de la statue. C'est celle qui est adoptée par la tribu des Ambete ou Mbede, ins-

130. Couvercle de reliquaire.
Congo.
Ambete.
Bois. H : 36 cm. Museum
Rietberg, Zurich.

tallés dans la partie du Congo qui jouxte la frontière nord du Gabon. Le buste de la statuette est alors particulièrement long. Le dos est creusé d'une cavité parallélipipédique, fermée par une petite porte maintenue en place par un lien. On suppose qu'elle contenait les os longs des chasseurs ayant joué un rôle important dans la vie de la tribu. Les visages des statues Ambete présentent un front ample qui surplombe une face creusée en retrait, avec une bouche rectangulaire. L'ensemble des formes est taillé par grandes masses où la structure initiale du tronc d'arbre est encore sensible. Les bras sont souvent collés au corps, les mains et les pieds à peine dégrossis.

Le musée de l'Afrique et de l'Océanie de Paris conserve trois de ces statuettes reliquaires Ambete. Pour deux d'entre elles, la tête forme un couvercle qui ferme la cavité contenant les reliques (fig. 129). Cette manière de faire n'est pas seulement une solution plastique destinée à faciliter la fusion entre deux ensembles hétérogènes, la statue et les reliques. Quand ces deux éléments s'interpénètrent matériellement, une coïncidence plus grande qu'ailleurs est réalisée entre la fonction surnaturelle et son expression visible.

Au Museum Rietberg de Zurich, on peut admirer une *Tête Ambete* (fig. 130) qui a servi de couvercle de reliquaire. Surmontée d'une crête très haute, elle est traitée avec une stylisation puissante, donnant un poids métaphysique à cette évocation d'ancêtre défunt.

La tribu des Kuyu vivant au Congo, au sud des Ambete, adopte souvent, elle aussi, la formule du corps-reliquaire. L'accès aux reliques se fait par en haut, au-dessus du tronc creux, la tête amovible servant de "bouchon". Les bras sont souvent absents, le corps longiligne et parfois la face sont recouverts de motifs multiples en léger relief représentant des scarifications.

128. Tête géante pour un reliquaire.
Gabon. Fang.
Bois, métal. H : 47 cm.
The Metropolitan Museum of Art, New York.

Grands
et petits
fétiches

Les pratiques magiques sont universellement répandues en Afrique noire. Encore faut-il établir des distinctions entre ceux qui s'y adonnent. Le sorcier passe pour entretenir pour son propre compte un commerce personnel avec les puissances maléfiques. On le soupçonne de jeter des sorts, on le redoute, on le pourchasse. C'est l'homme le plus dangereux de la tribu. L'accusation de sorcellerie est chose grave.

Le devin, ou féticheur, agit en principe pour le bien de tous. On va requérir son aide en cas de besoin. Il est considéré comme l'intermédiaire entre les membres du clan et toutes les forces occultes. De ce fait, il joue également le rôle de guérisseur.

Les tentatives diverses pour agir sur les puissances surnaturelles redoutables par l'intermédiaire de statues ou de fétiches ont pris une intensité particulière dans les régions situées près de l'embouchure du fleuve Congo, peuplées par les Kongo, Yombe et Vili, mais on en trouve aussi à l'est du Zaïre, chez les Songye.

Les objets à visée magique ont été pendant longtemps mal connus en Europe. Sur place, en Afrique, les missionnaires chrétiens les traquaient et les vouaient au bûcher. Certaines statues, pourtant, ont été rapportées en Europe par des religieux, à titre documentaire, et conservées secrètement, ce qui n'en facilitait pas l'étude. On les redoutait. Elles étaient

Page de gauche

131. Fétiche à clous.
Zaïre. Kongo.
Bois, clous et lames métalliques, matières diverses. Musées royaux d'Art et d'Histoire, Bruxelles.

141

132. Statuette nkisi nkonde.
République populaire du Congo. Cabinda. Vili, Kongo.
Bois, lames et clous de fer, matières composites et peau, miroir. H : 53 cm. Musée d'Ethnographie, Genève.

Page de droite

133. Sculpture ornée de clous. Nkonde.
Bas-Zaïre. Yombe.
Bois, clous, sagaie en bois, tissu. H : 97 cm.
Musée Barbier-Mueller, Genève.

supposées recéler, même aux yeux des Européens, une puissance réelle à laquelle on n'était pas loin de croire encore en Europe au XVIIe siècle. Olfert Dapper a été le premier à jeter sur ces "fétiches" un regard serein et à oser les décrire.

Des travaux récents ont permis de les mieux comprendre. Ce sont des sculptures en bois, anthropomorphes ou zoomorphes, couvertes d'accessoires divers. Elles sont transpercées de clous ou lames métalliques. Elles contiennent dans des cavités dorsales ou ventrales des "médecines", graines, poils, dents, ongles amalgamés par divers liants. Des tissus, des plumes ou des amas d'argile les complètent suivant les cas. Enfin, des morceaux de miroir, de métal brillant ou de coquillages servent à obturer les cavités ou à figurer les yeux (fig. 131). Bien souvent, les visages seuls sont traités par le sculpteur avec soin, tandis que le reste du corps, destiné à être dissimulé sous ces attributs divers, est beaucoup plus sommairement ébauché (fig. 132 et 140). Le sexe lui-même peut manquer, soit qu'il n'ait jamais été sculpté, soit qu'il ait été enlevé par un missionnaire zélé.

Ces statues n'ont qu'un lointain rapport aux ancêtres et se distinguent des reliquaires par le fait qu'elles ne contiennent ni crânes, ni ossements de grande taille, mais certaines d'entre elles ont parfois pu passer d'une catégorie à l'autre.

Généralement groupées dans la classe des *nkisi*, elles étaient le résultat de l'action conjuguée de deux hommes, le sculpteur et le féticheur. Le premier leur donnait forme, mais sans le second (le *nganga*) elles n'étaient rien. C'est lui qui les remplissait de substances magiques et accomplissait les rites supposés leur conférer une puissance surnaturelle.

Les grandes statues à clous dites "nkonde"

Toutes les statues étaient porteuses de charges magiques mais, selon leur taille, elles n'étaient pas appelées à jouer le même rôle. Les plus grandes, les *nkonde* mesurant de 0,90 à 1,20 mètre de haut et destinées à paraître dans des cérémonies collectives, étaient transpercées de clous ou de lames métalliques. On en plantait un chaque fois qu'un engagement suivi de serment était conclu ; c'était une manière de ratifier l'acte pour des populations qui ne connaissaient pas l'écriture. Le féticheur intervenait d'abord pour "réveiller" le

**135. Sculpture ornée
de clous en forme de
chien à deux têtes.**
Nkonde. Bas-Zaïre,
Kongo.
Bois dur, clous et pointes
de fer. H : 67,5 cm.
Musée Barbier-Mueller,
Genève.

nkonde par ses attouchements. Une partie de l'épiderme sans clous était prévue à cet effet. Puis on enfonçait dans le corps de la statue une pointe qui devait y rester fichée tant que le contrat n'était pas complètement rempli.

Sous prétexte de servir d'officiant, le féticheur était surtout un témoin, et un témoin d'importance vu ses supposées relations avec le monde surnaturel. Malheur à qui ne tenait pas ses promesses ! Le *nkonde,* gardien de la mémoire collective infligerait au parjure une maladie subite ou le ferait mourir, mais il protégeait l'innocent. Le visage du *nkonde* est toujours agressif, volontairement terrifiant ; la bouche est toujours ouverte, figurant le cri, l'admonestation à celui qui prête serment. Celui-ci devait-il se livrer aussi à un acte de manducation ou de léchage des clous ? La langue parfois apparente a pu le faire supposer, sans certitude.

En présence d'un *nkonde,* le jeu des regards se dédouble et se croise. Il y a le regard du *nkonde* qui par ses yeux de métal brillant semble fixer, poursuivre dans l'espace et le temps celui qui prête serment. Et inversement, cet homme fasciné ne peut détacher son regard du morceau de miroir qui, sur le ventre du *nkonde,* cache les substances supposées magiques, dissimule leur déroutante pauvreté et laisse croire à leur force. Une fois de plus, les traditions africaines parviennent à mettre en jeu des puissances non négligeables de nature entièrement psychologique, agissant par le truchement de moyens matériel relativement pauvres.

Selon les attributions de la statue ou en fonction de variantes régionales (on ne sait), les attitudes physiques du *nkonde* pouvaient être différentes. Ceux qui serrent une arme de leur bras droit levé (fig. 133) sont les plus dynamiques. Mais la majesté est l'apanage de ceux qui, les mains sur les hanches, sont dotés d'une barbe en argile et résine agglomérées. Nombre d'entre eux enfin, ont les mains posées près du nombril, ce qui est une allusion à leur origine lignagère.

Il existe aussi des nkonde zoomorphes et l'on est surpris de retrouver en eux certaines caractéristiques des statues anthropomorphes. Le *Singe accroupi* (fig. 134) a la bouche ouverte et le regard fixe de ses frères humains, mais sa position fléchie, ses longs bras et son pelage réaliste le rattachent bien au règne animal. L'ambiguïté est d'autant plus troublante. Des chiens à deux têtes se rencontrent aussi (fig. 135). Chaque gueule est pourvue de la langue pendante traditionnelle. Ils

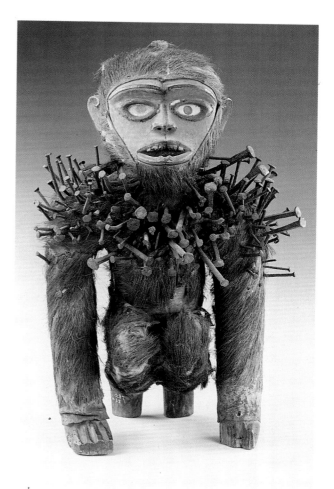

134. Statuette nkisi représentant un singe accroupi.
République populaire du Congo. Vili, Kongo.
Bois, fer, verre, peau.
H : 35 cm. Rijksmuseum voor Volkenkunde, Leyde.
Photo : Musée Dapper, Paris.
Par sa petite taille, cette statuette peut se ranger dans la catégorie des nkisi, mais les clous en feraient plutôt un nkonde.

136. Statuette en bois.
Zaïre. Kongo.
H : 36 cm. Collection privée.
Coiffée des plumes de coq rituelles, cette statue nkisi porte dans le dos une charge de matières magiques particulièrement importante.

semblent avoir pour attribution, comme les chiens vivants, de protéger les familles et d'annoncer les dangers.

Sur le rôle social des *nkonde,* le professeur Th. Obenga, directeur général du Centre international des civilisations Bantou (Gabon), donne d'intéressantes précisions dans son article des *Dossiers d'archéologie.* Pour lui, les clous sont "des clous de malédiction". Et il ajoute, élargissant le débat : "Le rôle principal des *nkonde* est de faire respecter les lois du pays, de faire régner la paix sociale, de découvrir et de dénoncer les voleurs, de se venger des malfaiteurs." Sur les *nganga* (féticheurs), il est enfin en mesure de donner une opinion motivée : "Ce sont des hommes habiles et intelligents. Leur savoir historique, leurs connaissances étendues, concernant à la fois la faune, la flore, l'environnement, le groupe et la psychologie, leur conféraient, et leur confèrent encore, un fort ascendant sur les mentalités des populations, sur l'imaginaire social dans son ensemble."

Les statues de taille réduite

Les petites statues, *les nkisi* (fig. 136), avaient une destination personnelle ou familiale, moins ambitieuse que les grandes *nkonde.* Leur taille n'excédait pas 40 centimètres. Dépourvues de clous, elles étaient souvent coiffées d'un bonnet à plumes après avoir été consacrées par le féticheur. Les tissus qui les entouraient étaient enduits d'une croûte de poudre rouge. Comme les *nkonde,* elles étaient pourvues d'une cavité ventrale ou dorsale contenant les "médicaments" et substances magiques qui y étaient déposés par le féticheur. C'était essentiellement de l'argile blanche des marigots, de l'argile rouge du culte des ancêtres et du tukula, poudre de bois rouge.

Ces *nkisi* devaient transmettre à leur propriétaire la force vitale dont elles étaient porteuses et lui conserver la santé. On pouvait leur faire des offrandes pour sortir d'une situation difficile.

Proches des *nkisi,* les petites statuettes commémoratives *Phemba* (fig. 137) étaient destinées aux femmes qui, ayant perdu un enfant, en désiraient un autre. Ces sculptures, généralement soignées et très gracieuses, étaient supposées favoriser l'heureux événement.

Chez les Songye

Très loin des Kongo, les Songye, établis au sud-est du Zaïre, ne brillent pas par la douceur. Ils ont une réputation méritée de rudesse. Mais ils peuvent se comparer aux Kongo et Vili par la place prépondérante qu'ils accordent à la magie. Les fétiches (fig. 138) y sont bien plus nombreux que les statues d'ancêtres.

Dans ces fétiches, la face est allongée vers le bas, les joues creuses, le cou très long pour permettre l'accumulation de colliers de couleur. Ce ne sont pas des fétiches à clous, les substances magiques sont insérées dans le ventre ou dans une ou deux cornes d'antilopes plantées dans le sommet du crâne. Ces substances sont spécifiques du but recherché. Pour le fétiche de chasse, par exemple, on peut utiliser "un morceau de museau de chien, une aile d'hirondelle et, si possible, un doigt de Pygmée, ce chasseur par excellence", nous dit le frère Cornet.

Dépourvus de clous rituels, les fétiches Songye sont cependant décorés de nombreux clous de laiton employés comme ornements. Une plaque de métal peut aussi couvrir le nombril et les matières magiques. Ces fétiches ont un but apotropaïque : préserver le clan ou le lignage des puissances hostiles, des sorciers et des mauvais esprits, et favoriser la fécondité.

Les Luluwa, influencés dans leur art à la fois par les Songye et par les Luba, ont créé de nombreuses figurines accroupies à usage de fétiches (fig. 139), ce que prouve la corne d'antilope fichée dans le crâne pour recevoir les matières magiques. Dépourvues d'autres accessoires, ces statues sont remarquables par le soin apporté à sculpter les corps et par l'unité de traitement des volumes. Tout est courbe et s'équilibre pourtant remarquablement... grâce aux grands pieds servant de socle. Le visage, à l'expression pensive, témoigne comme le corps d'un art savant et raffiné.

137. Statuette commémorative "Phemba".
Cabinda. Kongo.
H : 44 cm. Rijksmuseum voor Volkenkunde, Leyde. Photo : Musée Dapper, Paris. Cette statuette représente une femme agenouillée avec deux personnages et trois serpents.

139. Fétiche.
Zaïre, Luluwa.
Bois dur, traces de pigments blancs et rouges.
H : 24 cm. Musée Barbier-Mueller, Genève.

140. Statue à clous, nkisi nkonde.
Congo. Vili, Yombe.
Bois, fer et clous.
H : 108 cm. Musée de l'Afrique et de l'Océanie, Paris. Photo : RMN.
La cavité ventrale de cette statue a été vidée de ses substances magiques, comme cela est très souvent le cas.

138. Statue en bois avec divers accessoires.
Zaïre, Songye. H : 98 cm.
Collection privée.
Ce grand fétiche est pourvu de tous les attributs qui peuvent en accroître la puissance : corne sur la tête, applications métalliques sur le visage, plumes et peaux diverses, fétiches plus petits et cornes remplies de substances magiques.

149

<h1>Guerriers
et
chasseurs</h1>

Les structures sociales qui ont détenu le pouvoir en Afrique diffèrent totalement selon les régions. Des grands empires aux petites chefferies, toutes les variantes se rencontrent.

Les empereurs qui ont gouverné de vastes territoires les ont généralement soumis au paiement d'un impôt ou d'un tribut qui permettait d'entretenir une armée professionnelle importante.

Dans les chefferies de taille réduite, au contraire, l'équipement guerrier relève du lignage ou de l'individu. Il s'agit d'armes et non d'armées.

Trois grands empires

Dans le bassin du fleuve Niger, entre les XIe et le XVIe siècles, se sont succédés trois grands empires, le Ghana, le Mali et le Songhay, dont chacun a voulu éclipser le précédent par sa richesse et son prestige. Ils nous sont connus par des récits de voyageurs plus que par les vestiges archéologiques, qui sont rares.

L'empire du Ghana, qui atteignit son apogée au XIe siècle, tirait une partie de sa richesse de l'or du Bambouk, mais fut incapable de résister aux assauts des Almoravides musul-

Page de gauche

141. Sceptre.
Personnage masculin assis. Mali. Delta intérieur du Niger ou Dogon ou Bozo. Bronze, fer.
H : 76,2 cm. The Metropolitan Museum of Art, New York.

142. Statue représentant le roi Glele en dieu Gu, dieu du métal et de la guerre.
Laiton. H : 105 cm.
Photo : Musée Dapper.

mans désireux de convertir l'Afrique à l'islam. La domination de ces derniers fut de courte durée. En 1240, le prince du Mali, vainqueur du Ghana, parvint à s'emparer de la puissance politique et éblouit ses contemporains par la profusion de ses richesses et par l'étalage de son or. A partir du XVe siècle pourtant, c'est l'empire Songhay qui a la prééminence, mais il finit par tomber sous les coups des Marocains qui, à la bataille de Toudibi (1591), utilisent des armes à feu, encore inconnues en Afrique.

Jusque-là, c'était la cavalerie qui avait constitué dans les armées soudanaises la force la plus importante. La présence de chevaux est attestée dans cette région depuis les environs de l'an mille. Les Africains montaient à cru, tandis que la selle semble avoir été introduite par les musulmans. Le voyageur arabe Ibn Battuta, reçu par l'empereur du Mali en 1352, raconte que durant cette audience le souverain était entouré par les courtisans et les chefs de l'armée, tous à cheval, tous portant un arc à la main et un carquois dans le dos. Deux chevaux sellés étaient tenus à la bride devant l'empereur.

Les cavaliers que décrit Ibn Battuta étaient peut-être identiques à ceux qui sont représentés dans les terres cuites du Delta intérieur du Niger, datées par thermoluminescence entre 1240 et 1460 ap. J.-C. Bernard de Grunne, spécialiste de l'archéologie du Mali, pense qu'il s'agit de Kamara, ces fiers guerriers qui combattirent dans l'armée de l'empereur du Mali, et qui revivent, pleins d'un étonnant dynamisme, campés sur leurs chevaux dont le riche harnachement donne une idée du prestige de ces troupes. Les détails de l'armement n'ont pas toujours résisté au temps, mais on constate que les chevaliers portent un baudrier qui devait soutenir le carquois mentionné par Ibn Battuta. L'un d'eux avait un bouclier rond, et la plupart d'entre eux avaient la tête protégée par un casque maintenu en place par une mentonnière.

Bon nombre d'autres statues retrouvées, en particulier un cavalier et un archer du musée d'Art Africain de Washington, viennent compléter cette évocation (fig. 12, p. 22).

Les anciens habitants du Delta intérieur du Niger nous ont laissé, datant de leur passé reculé, un remarquable Sceptre (fig. 141) en fer et laiton, orné à son sommet d'une figurine de chef assis. Le personnage est parfaitement détaillé, tant pour les scarifications corporelles ou la barbe que pour le couvre-chef, les vêtements représentés avec une grande pré-

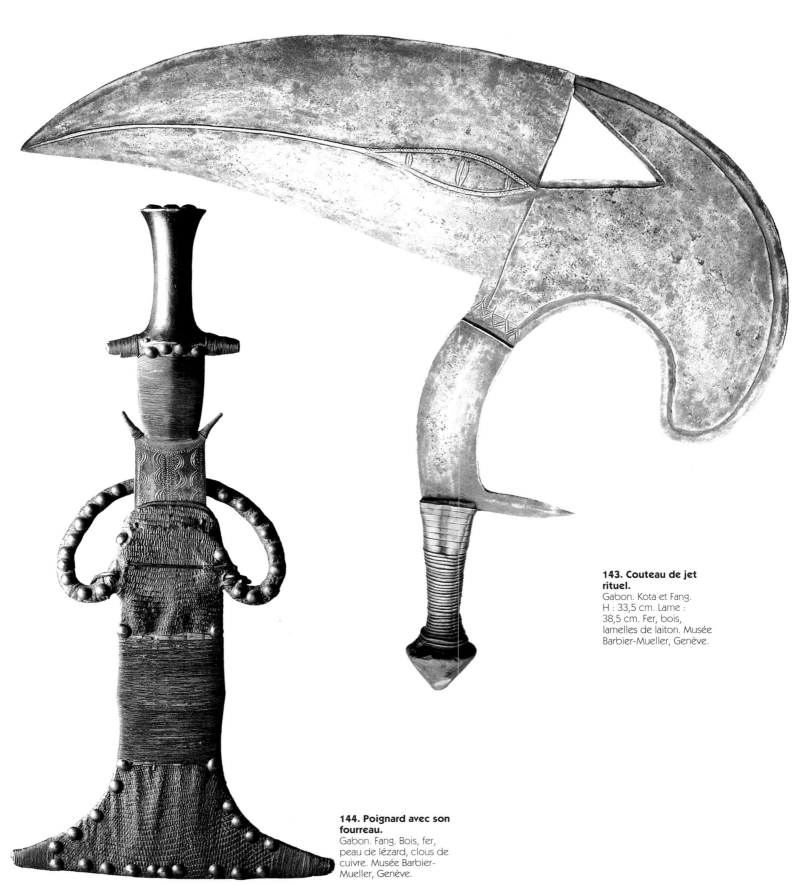

143. Couteau de jet rituel.
Gabon. Kota et Fang. H : 33,5 cm. Lame : 38,5 cm. Fer, bois, lamelles de laiton. Musée Barbier-Mueller, Genève.

144. Poignard avec son fourreau.
Gabon. Fang. Bois, fer, peau de lézard, clous de cuivre. Musée Barbier-Mueller, Genève.

145. Couteau de jet.
République centrafricaine. Zande. Fer, fibres végétales. L : 39,5 cm.
Musée royal de l'Afrique centrale, Tervuren.

Page de droite

146. Porte-flèches.
Zaïre. Luba. Musée royal de l'Afrique centrale, Tervuren.

cision et les anneaux de bras ou de chevilles. Le fondeur de bronze (il s'agit ici d'une fonte à cire perdue) a accordé une attention toute particulière aux armes de ce chef : la lance pointue tenue de la main droite et l'épée courte, à poignée, placée dans un fourreau accroché au bras gauche. L'homme apparaît calme et sûr de son autorité.

Le Bénin et le Dahomey

A partir du XVe siècle, au crépuscule de la puissance de l'empire Songhay, émerge au Nigéria le royaume du Bénin riche d'un admirable art de cour. Sa puissance était assise sur des armées contrôlées par des chefs de tribu. Sous les "rois guerriers" des XVe et XVIe siècles régnait un état de guerre quasi-permanent, mais les souverains insistaient plutôt sur l'origine et le caractère divins de la monarchie. Sur les plaques de laiton ornant le palais royal, les représentations strictement militaires ne sont pas fréquentes, mais l'une d'elles, (au Museum für Völkerkunde de Leipzig) datant du XVIe siècle, semble décrire les combattants du Bénin engagés dans la guerre victorieuse menée contre les Igbo. Coiffés de casques importants, ils brandissent des épées. Celui qui est à cheval a une lance pendue à sa selle, tandis que le fantassin de l'arrière-plan dispose d'un bouclier en plus de sa lance.

Le Dahomey, peuplé de Fon et de Yoruba, et devenu de nos jours la République du Bénin, a constitué du XVIIe au XIXe siècle un royaume puissant sur lequel ont régné dix souverains. Au XVIIIe siècle, bien administré, le royaume tirait l'essentiel de ses richesses d'un important commerce d'esclaves vendus aux négriers européens, mais sa puissance était surtout fondée sur les expéditions militaires victorieuses de ses terribles armées. Par ailleurs, comme au Bénin, on procédait à d'importants sacrifices humains. Ils avaient lieu au Dahomey deux fois par an et à la mort de chaque souverain. Ce sont des Français qui, en 1892, portèrent un coup fatal au dernier roi, Behanzin, et le déportèrent.

Dans la capitale, Abomey, le palais royal formait une véritable cité aux murs ornés de bas-reliefs peints. La cour s'entourait d'un luxe qui se manifestait dans tous les domaines, en particulier les tissus somptueux et les arts du métal. Les forgerons constituaient au Dahomey une caste puissante, produisant des armes et des bijoux pour le service du roi. C'étaient eux, en particulier, qui forgeaient en fer ou en cuivre les *asen,* sorte d'autels portatifs consacrés aux ancêtres des rois et chefs importants.

Le dieu de la guerre et des métaux, Gu, a été représenté deux fois par les forgerons dahoméens. L'une des statues, celle du musée de l'Homme, tente d'exprimer des mythes anciens par un assemblage de ferraille d'origine européenne. Vêtu comme un soldat dahoméen, le dieu porte une courte tunique. Sa tête se hérisse de pointes de flèches, lames de couteaux et fers de lance. Animé d'un certain déséquilibre, il semble marcher. Ses mains maintenant vides brandissaient à l'origine un sabre et une cloche de guerre. Il incarnait la devise du terrible roi Glele d'Abomey, qui régna de 1858 à 1889 : "Quand le sabre de Gu paraît, les animaux ne se montrent pas."

Une seconde statue, beaucoup plus puissante car moins anecdotique (fig. 142) traduit une volonté nette d'exprimer l'essence profonde de la guerre : une cruauté impitoyable. Ces deux œuvres exceptionnelles, non signées, ont influencé les artistes occidentaux modernes, mais ont aussi pu être influencées par la statuaire européenne.

D'autres artistes du Dahomey ont produit des *récades* que le roi remettait à ses chefs. Ces sont des sortes de haches ou crosses dont la lame en métal ou en ivoire est sculptée d'un motif figuratif, par exemple un lion rugissant dans une récade du musée de l'Homme. L'objet, insigne de dignité pour celui qui le portait, devait en dernier ressort diffuser la mystique guerrière du souverain et renforcer son prestige.

Dans les régions équatoriales

La végétation luxuriante, la rareté des voies de communication dans une jungle difficile à pénétrer ont favorisé la constitution de structures sociales restreintes, liées aux groupes lignagers. Aucun vaste royaume n'a pu s'organiser ni s'étendre dans un tel cadre. Mais s'il est vain d'y chercher les traces de grandes armées, les habitants n'en étaient pas moins engagés dans des affrontements intertribaux ou tenus de se défendre contre les raids des tribus voisines. Les Fang, en particulier, avaient une réputation de férocité redoutable.

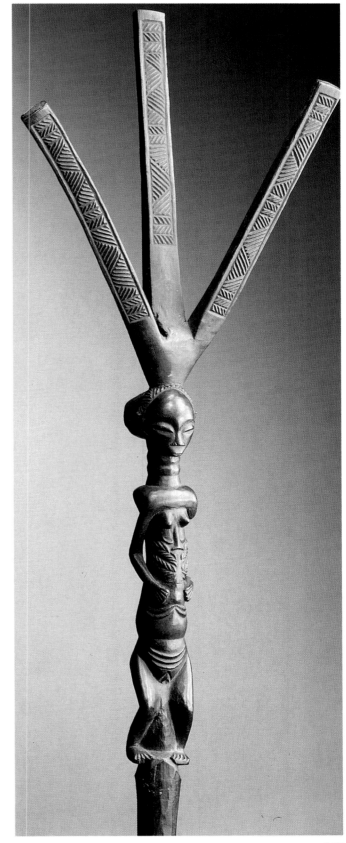

Ils utilisaient jadis des armes variées, lances de guerre, épées, glaives et armes de jet.

Le *Couteau de jet* (fig. 143) des Fang et des Kota était une arme de combat autant que de prestige. Il apparaissait aussi au cours de certaines initiations durant lesquelles le chef de danse se traînait sur le sol en brandissant le couteau que les initiés devaient éviter en sautant le plus haut possible au-dessus de lui. La lame du couteau, en forme de bec de toucan, se recourbe selon une ligne qui, pour être fonctionnelle, n'en est pas moins d'une rare pureté.

Même s'il ne peut rivaliser avec l'élégance du précédent, un *Poignard Fang* (fig. 144) présente des caractères comparables pour l'adaptation de la forme à l'emploi. La lame allongée, à double tranchant, décorée de motifs finement incisés, est protégée par un fourreau couvert de peau de lézard et rehaussé de clous de laiton, tandis que du fil de laiton renforce toutes les zones fragiles. Outre ces armes blanches, les Fang utilisaient le fusil de traite introduit par les commerçants européens.

Les Zande, de République centrafricaine, ont surtout manifesté leur talent artistique dans leur équipement guerrier. On y trouve en particulier un remarquable *Couteau de jet* (fig. 145) ; lame et manche décorés de fines gravures se disposent en courbes et contre-courbes parfaites. Des liens stylistiques existent entre Zande et Mangbetu du Nord du Zaïre. Il n'est donc pas étonnant de trouver chez ces derniers des couteaux dont les poignées courbes, surtout lorsqu'elles sont en ivoire, témoignent d'une évidente recherche de forme. Le résultat, toutefois, est plus lourd et ne saurait se comparer à l'élégance qui signe les plus beaux couteaux Zande ou Fang.

Dans le bassin du Congo

Quelques États se sont constitués dans le passé par la réunion ou la confédération de nombreux clans ou chefferies. C'est le cas, entre autres, des Kuba, des Luba et des Tshokwe. L'art de la guerre y a conservé toute sa vigueur, au sein d'une production artistique de haut niveau.

Une confédération de tribus Kuba s'était à l'origine rassemblée sous la domination des Bushoong, clan royal des

148. Tshibinda Ilunga assis.
Zaïre. Tshokwe. Bois.
H : 25 cm. Collection particulière.

Page de droite

149. Lance d'apparat.
Angola. Tshokwe. Fer,
bois, cuivre. H : 106 cm.
Hauteur du personnage :
20 cm. Museum Rietberg,
Zurich. Photo : Wettstein
en Kauf, Zurich.

Kuba, dont le nom signifie "les gens du fer de jet" ou "gens de l'éclair", l'éclair de la lame qui luit. C'est dire l'importance attachée à cette arme dont il existe des exemplaires richement travaillés. Cet instinct guerrier a toutefois été canalisé et assagi par les rois Kuba successifs que les portraits royaux, les *ndop*, représentent sous des allures pacifiques. Dès 1650, Shamba Bolongongo s'était, en roi philosophe, efforcé de remplacer le couteau de jet par des armes moins offensives.

Dans d'autres populations du Zaïre, nombreuses sont les armes de facture ouvragée, par exemple chez les Makaraka. Les Teke, quant à eux, étaient des forgerons renommés qui ont produit des enclumes de fer et surtout des armes et des haches admirées des Européens dès leur arrivée. Toutes ces armes blanches n'interdisaient d'ailleurs pas l'emploi d'armes à feu. Plusieurs statuettes Bembe représentent un guerrier tenant d'une main un fusil de traite et de l'autre un poignard.

L'empire Luba résulterait de l'unification, au XVIe siècle, d'un grand nombre de petites chefferies bantou. L'un des premiers chefs Luba, Kalala Ilunga, était un grand chasseur, dont le pouvoir était symbolisé par le *Porte-flèches* (fig. 146), devenu ultérieurement l'un des emblèmes d'autorité les plus précieux des chefs Luba. Étroitement associés à la royauté, ils intervenaient dans la succession des chefs et étaient conservés dans une case spéciale par des gardiens héréditaires qui comptaient parmi les plus hauts dignitaires du royaume.

Chez les Thsokwe

Au sud du Zaïre et en Angola où vivent les diverses tribus Tshokwe, le mythe guerrier s'est cristallisé autour d'un héros civilisateur, Tshibinda Ilunga, qui n'a pas pour autant dédaigné de conduire son peuple à la chasse et au combat.

Un récit retrace l'histoire d'amour qui serait indirectement à l'origine de la dynastie Tshokwe, vers le XVIe siècle. Tshibinda Ilunga, fils de l'empereur Luba, consacrait toute son énergie à la chasse, son activité favorite. Au cours d'une de ces randonnées, il pénétra dans le territoire sur lequel régnait la princesse Lweji, une Lunda. Celle-ci, sensible à la beauté du prince et au raffinement de ses manières l'invita à sa cour et l'épousa. Consternation et révolte parmi les frères de la princesse, qui refusèrent de se soumettre à l'intrus et partirent fonder d'autres royaumes. Bien que Tshibinda Ilunga n'ait jamais régné lui-même sur les Tshokwe, ils ont fait de lui le prince modèle. Son image, au XIXᵉ siècle, se concrétise en d'admirables effigies (fig. 147) qui se situent au sommet de la statuaire africaine. L'art des Tshokwe, à la fois baroque et réaliste, est toujours marqué d'une grande puissance. Dans les statues de Tshibinda Ilunga, deux caractères principaux retiennent l'attention, la force et l'autorité, ce qui est particulièrement remarquable si l'on se rappelle que ces statues puissantes ne dépassent jamais 50 centimètres de hauteur. La force apparaît dans la musculature des épaules athlétiques, dans les membres traités par le sculpteur comme des cylindres denses harmonieusement emboîtés. La force, c'est aussi pour des chasseurs l'aptitude à vivre en forêt. Les oreilles sont dressées, avec une apparente mobilité qui laisse deviner l'homme aux aguets, ce que confirment les narines gonflées.

Pour représenter l'autorité, cette force exclusivement morale et abstraite, pour la rendre sensible par des moyens plastiques, les sculpteurs Tshokwe ont exploité la large coiffe courbe que porte toujours le chef. Ils en détaillent toutes les volutes, les modulent, les amplifient, les font saillir et traquent toutes les ressources de cet ensemble baroque afin de déployer autour du visage ce symbole visible de l'autorité. Le visage lui-même paraît intelligent, le front étant prolongé, allongé, par le quadrillage du centre de la coiffe. Dans certaines statues, celle du Museum für Völkerkunde de Berlin, celle de l'Université de Porto, c'est la réflexion qui prime. Mais dans celle du Kimbell Art Museum de Fort Worth, l'angle du visage par rapport au corps exprime d'abord la volonté d'être obéi et la certitude de détenir une puissance incontestée parce que sacrée.

Tous ces caractères se retrouvent dans les figurines représentant le héros assis, en train d'applaudir (fig. 148), ou dans celles qui ornent les sommets de sceptres. Dans ces derniers, la coiffe déroule toujours ses lourdes arabesques, mais le corps est le plus souvent remplacé par une surface plane qui contribue elle aussi à rehausser l'image du chef et à la séparer de la vie environnante par les motifs abstraits qui la recouvrent.

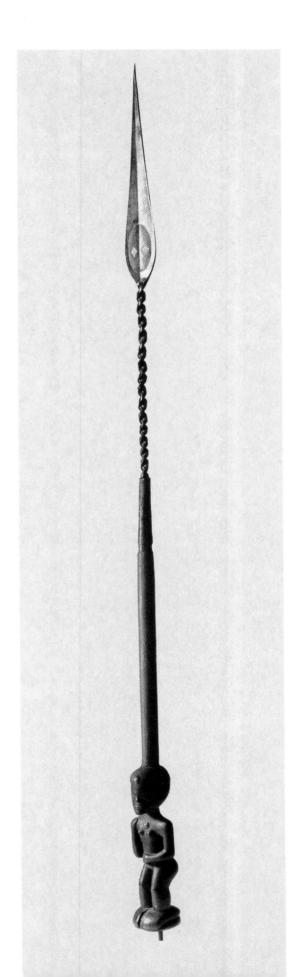

A un niveau plus pratique, Tshibinda Ilunga est surtout honoré pour toutes les connaissances cynégétiques qu'il a apportées aux Tshokwe, sous forme d'armes plus perfectionnées et de charmes efficaces. Il est représenté avec un bâton de marche et une corne à "médicaments", qui a ultérieurement été remplacée par une arme à feu *(Statue* de l'Université de Porto).

Au XIXᵉ siècle, les Tshokwe étaient encore très passionnés par la chasse, qui avait été le propre de leurs ancêtres. Pour appeler les chiens ou communiquer entre eux, ils utilisaient de petits sifflets en bois ou en ivoire, souvent ornés d'une tête masculine. Ils aimaient les belles armes façonnées avec soin par d'habiles forgerons capables de reproduire sur des poignards, des épées ou des armes de jet les motifs décoratifs si souvent utilisés par les sculpteurs sur bois.

D'autres armes des Tshokwe, enfin, sont uniquement des objets de prestige, comme cette *Lance d'apparat* (fig. 149) extrêmement élégante qui, dans le cadre d'un art de cour, prouve la discrimination de chefs capables de rechercher les meilleurs artistes.

Le forgeron

Le forgeron est, dans un groupe social, l'homme indispensable pour fabriquer les outils agricoles nécessaires à la survie, tout comme les armes en fer sans lesquelles aucun combat n'est possible.

Dans les sociétés africaines, il est toujours redouté en raison de ses liens avec le feu, qui laissent supposer des pratiques de magie ou sorcellerie. Redouté aussi pour sa familiarité avec les métaux sortis du ventre de la terre-mère. On le voit enfin parfois comme un personnage ambivalent, médiateur entre les vivants et les morts.

Sa situation sociale, variable suivant les régions, est toujours extrême. Au Sénégal, il est confiné à l'intérieur d'une caste. Au Mali et en Côte d'Ivoire, il est craint. Dans l'ancien Congo et en Angola, au contraire, le travail des métaux était pratiqué par les notables. Les mythes fondateurs rappellent le souvenir du héros civilisateur Tshibinda Ilunga, qui enseigna aux Tshokwe à produire et utiliser des armes plus efficaces pour la chasse et la guerre. Chez les Kuba, enfin, Mbop Pelyeeng était un roi-forgeron identifié par une enclume figurant devant lui sur sa statue.

Dignité
de
la femme noire

Qu'elle soit patrilinéaire ou matrilinéaire, la société africaine, jusqu'au milieu de ce siècle, a été fondée sur la parenté en fonction du lignage. Les bouleversements intervenus dans les structures sociales depuis 1950 ne sont pas pris en compte ici, les faits antérieurs à cette date étant seuls considérés.

Dans la transmission de la parenté, la femme, mère et génitrice, joue un rôle capital. C'est elle qui assure la continuité du lignage. Sans elle, l'homme privé d'enfants verrait s'interrompre les cultes ancestraux de sa famille. A la mort de cet homme, personne ne veillerait à l'accomplissement des rites permettant à son âme d'exister de manière satisfaisante dans l'au-delà.

C'est la femme aussi qui permet à l'homme de faire la preuve de sa fécondité, preuve indispensable dans certains cas, par exemple pour qu'un fils de chef succède à son père. Il en est ainsi dans le Grassland du Cameroun. Avant d'être intronisé, un futur Fon doit passer toutes les nuits de son stage initiatique avec des jeunes filles qu'on lui présente jusqu'à ce que l'une d'elles soit enceinte. C'est un privilège pour les jeunes filles d'être choisies dans ce but, et elles sont toutes issues de grandes familles. En effet, la femme qui donnera le jour au premier enfant ainsi conçu sera toujours respectée de tous, et en particulier du Fon qui, grâce à elle,

152. Masque de la Société Sande.
Sierra Leone. Mende ou Vai. Bois léger, patine noire et brillante.
H : 45,5 cm. Musée Barbier-Mueller, Genève.

aura pu prendre possession de son royaume. Même si elle ne devient pas la première épouse du Fon, cette femme appartiendra d'office à la société des reines-mères. Cet exemple, valable évidemment pour une région limitée, donne une idée de l'importance capitale de la fécondité pour une femme africaine. Sa situation sociale dépendait du nombre et de la qualité de ses maternités.

La jeune fille avant le mariage

Aux yeux des hommes de son lignage, la jeune fille représentait surtout une valeur d'échange. Dépourvue d'existence autonome, elle devait pourtant permettre par son mariage et son départ la venue de femmes d'origines différentes, susceptibles d'être les épouses de ses frères et des hommes de sa famille.

Tout devait la préparer à la future maternité qui, seule, lui donnerait une place dans la société. Les petites Africaines, bien avant l'âge nubile, portaient souvent en pendentif des poupées en roseau ou bois qui, loin d'être des jouets, étaient supposées favoriser leur fécondité ultérieure par un pouvoir magique. On en trouvait, avec des formes variés, chez les Dan de Côte d'Ivoire et les Mossi de Haute-Volta, aussi bien que chez les Tshokwe d'Angola.

Chez les Akan et Ashanti de Côte d'Ivoire, encore de nos jours, les *Poupées de fertilité Akua ba* (fig. 151), plus élaborées, sont destinées aux jeunes femmes désirant un enfant ou déjà enceintes. La renommée de ces objets est fondée sur une légende qui affirme qu'une femme accoucha d'une fille très belle pour en avoir porté une. Elles peuvent être plus ou moins réalistes ou stylisées, et il existe des variantes de forme selon que la femme désire une fille ou un garçon. Cette figurine est toujours portée par la femme dans le dos, comme l'enfant désiré.

Chez les Yoruba du Nigéria, il s'agit souvent de poupées jumelles, car les jumeaux jouissent d'un préjugé positif. Si l'un d'eux meurt, la poupée reçoit les mêmes attentions que l'enfant demeuré en vie.

Le passage à l'âge adulte, pour la fille comme pour le garçon, était souvent (mais pas toujours) marqué par une période d'initiation, dans le bosquet sacré, à l'écart du village, sous le contrôle d'une société secrète ou de femmes expérimentées. En général, cette initiation coïncidait avec l'apparition des règles chez la jeune fille et elle s'accompagnait dans le passé d'excision.

En Sierra Leone, la puissante société féminine Bundu ou Sande dirigeait l'initiation des jeunes filles et utilisait dans ce but des *Masques* caractéristiques, sculptés pourtant par des hommes (fig. 152). Ces masques sont conçus pour évoquer des femmes belles et riches. Une coiffure très élaborée, rendue avec soin, des bourrelets multiples sur la nuque en signe de prospérité, des onctions d'huile de palme sur le masque comme sur le corps concourent à ce but. Durant la retraite d'initiation, les jeunes filles apprenaient les règles de conduite qui devaient diriger leur vie. La forme du masque, le menton escamoté, la bouche réduite ou absente reflètent l'obéissance aveugle exigée de la femme.

Le rôle de la confrérie du Bundu ne se limitait pas à l'initiation. Dirigée par la *Majo,* femme d'expérience, elle veillait à l'équilibre général de la vie sociale.

Le temps du mariage

La maternité était le moyen pour la femme de sortir de l'état inférieur dans lequel elle avait été tenue jusque-là. Le mariage, condition préalable, n'était pas, on le sait, le résultat de l'attirance réciproque entre deux jeunes gens. Il était fondé sur différents systèmes d'échanges et de compensations financières ou matérielles destinés à assurer la circulation des femmes en dehors des lignages. Les mariages ayant de l'importance pour tout le groupe social, on ne pouvait les laisser se décider selon le hasard des inclinations individuelles.

Le plaisir sexuel pouvait intervenir, mais il n'était pas le but recherché. Le sexe était le plus souvent associé à la fertilité, non au plaisir. Cependant celui-ci n'était pas exclu. Les images visibles en sont très rares, mais on en trouve parfois, par exemple dans certains *Appuis-tête Luba* représentant un jeune couple qui se caresse (fig. 153).

Après le mariage, le plus grand désir d'un couple était d'avoir un enfant. Au Cameroun, chez les Bamileke, les devins membres de la société Ku n'gan se disaient spéciali-

153. Appui-tête.
Zaïre. Luba. Bois. Musée de l'Afrique centrale, Tervuren.
Il s'agit ici d'un cas rare de groupement de personnages chez les Luba. On y retrouve toute la grâce caractéristique de l'art Luba.

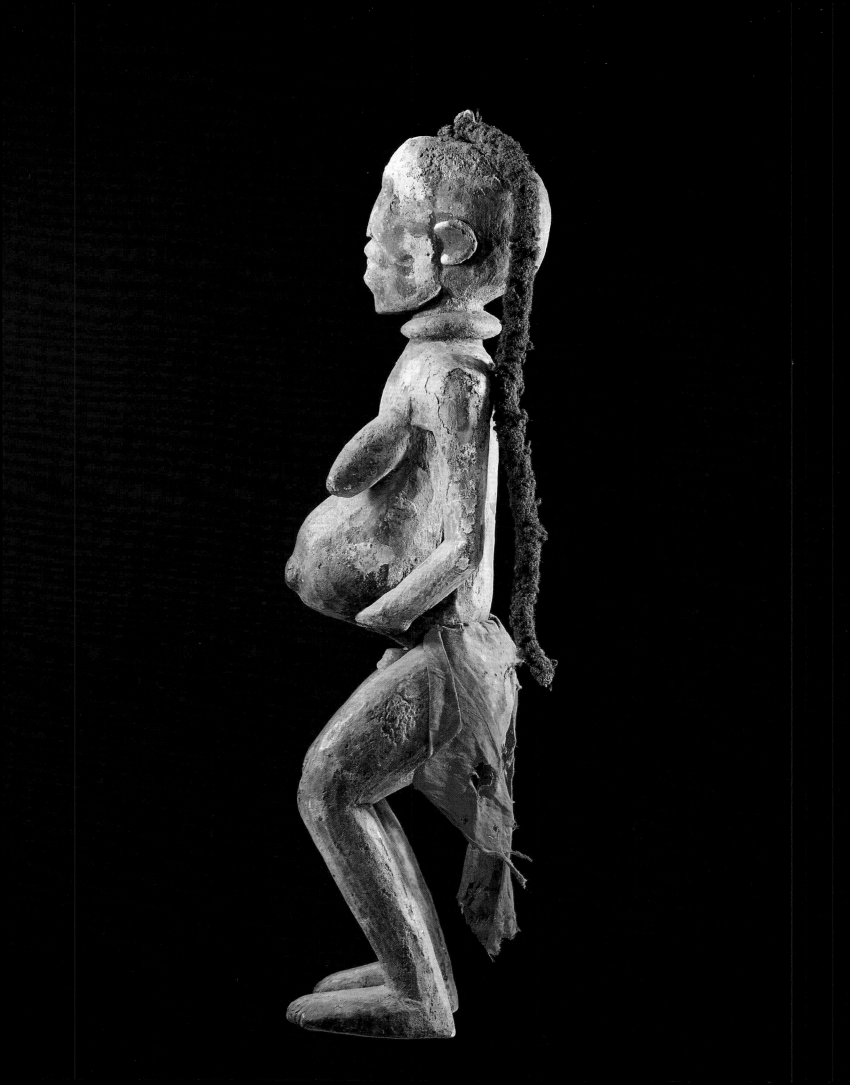

sés dans les problèmes d'infécondité. On montrait à la femme une *Statue de fécondité* (fig. 154) représentant une mère en train d'accoucher de jumeaux, la bouche ouverte dans un cri. Debout, elle retient son ventre lourd tandis que la tête d'un premier enfant apparaît déjà. La consultation se faisait en secret chez le devin et s'accompagnait d'un rituel et d'offrandes. La stérilité et la mortalité en couches, très fréquentes, permettent de comprendre le caractère tragique de cette statue.

Chez les Baoule de Côte d'Ivoire, la stérilité était imputée à la colère d'un "époux de l'au-delà" ou d'un esprit de la nature. Le devin consulté recommandait la création d'un autel domestique sur lequel était placée une *Statuette* (fig. 104, p. 119) sculptée dans ce but sur les indications du devin. Par l'harmonie de leurs volumes et la finesse de leurs sculptures, certaines de celles-ci sont des œuvres d'art pleines d'une sérénité propre à apaiser l'inquiétude d'une jeune épouse. Le caractère de ces œuvres diffère totalement de l'impression tragique causée par les statues Bamileke.

Chez les Idoma, un esprit de la brousse *Anjenu* était invoqué dans le même but par des hommes désireux de voir leur femme enceinte. La *Statue* (fig. 105, p. 118) austère et grandiose représentant l'esprit exprime bien l'importance attachée à la requête.

L'accouchement, auquel présidaient deux vieilles femmes ou un accoucheur, n'allait pas sans peine. Chez les Luba, on plaçait à la porte de la jeune femme une *Porteuse de coupe* (fig. 155 et p. 12), destinée à recevoir les offrandes des passants et évoquant l'image d'une ancêtre féminine.

Après la naissance

Le thème de la mère portant ou allaitant son enfant a été très fréquemment traité par les sculpteurs africains. Il ne s'agit pas de portraits, mais de figurines à contenu rituel glorifiant la perpétuation de la vie. On a aussi fait remarquer que les femmes enceintes ou qui allaitent n'ont pas de règles et se rapprochent ainsi des femmes âgées ou des ancêtres féminines, participant de leur force spirituelle. Dans ces statues de maternité, l'artiste donnait de la femme l'image la plus parfaite aux yeux des Africains, mais ces visions varient

Page de gauche

154. Statue ku n'gan de fécondité.
Cameroun. Bamileke. Bois dur, patine croûteuse, tresse faite de touffes de cheveux, fibre de raphia. H : 82 cm. Musée Barbier-Mueller, Genève.

155. Figure à coupe.
Zaïre. Luba. Bois. H : 45,5
cm. Musée royal de
l'Afrique centrale,
Tervuren.
Par sa tension, cette
Porteuse de coupe est
probablement l'une des
plus belles œuvres du
"Maître de Buli" actif dans
le village de ce nom, au
sud-est du Zaïre.

Page de droite

**156. Figure de femme
nourricière de la
confrérie du Poro.**
Côte d'Ivoire. Senufo.
Bois dur, patine noire.
H : 65 cm. Musée Barbier-
Mueller, Genève.
La sculpture suinte de
l'huile provenant
d'anciens sacrifices.

largement d'une ethnie à l'autre, allant de l'austérité grandiose des Dogon à la familiarité souriante des Yombe.

Chez les Senufo, agriculteurs particulièrement concernés
par la fertilité, l'évocation de la mère nourricière est puissante, un enfant pendu à chaque sein (fig. 156). Pour la
statue de la collection Barbier-Mueller, elle est d'autre part
haussée à un niveau emblématique par la coupe contenant
des substances magiques. Objet de nombreuses onctions
témoignant de la dévotion qu'elle a suscitée dans le cadre
des cérémonies du Poro, cette œuvre avait aussi des liens
avec les Sandogo, société secrète de femmes devins. Chez
les Bambara du Mali, l'image très épurée de la mère
(fig. 157) pourrait exprimer la dignité calme de la femme qui,
par l'enfant, se réalise. Encore plus stylisée, la maternité
Dogon apparaît géométrisée à l'extrême, et porteuse, dans
son dos, des deux jumeaux doués selon la légende d'une
force vitale particulière.

Au Zaïre, dans la société matrilinéaire des Mbala, la
maternité était tout particulièrement célébrée. Symbole de
l'autorité du chef, élément capital du culte des ancêtres, elle
nous vaut de puissantes évocations de la fondatrice du clan,
vraie force de la nature (fig. 158). Malgré leur caractère
sacré, ces statues sont très vivantes, souvent conçues selon
une légère asymétrie, qui leur donne une spontanéité et une
présence particulières. Toujours au Zaïre, les statuettes
Kongo et Yombe nous renvoient de la "mère à l'enfant" une
image plus riante et familière (fig. 159 et p. 10). La femme
assise sur le sol, jambes croisées, tient son enfant devant
elle. Sur ses épaules et son torse, des scarifications nombreuses, traitées comme des bijoux, disent son appartenance
à une famille riche. Malgré son apparence d'humanité
presque rieuse, cette statue doit être vue comme un élément
du culte des ancêtres, très développé chez les Kongo.

Dans la vie quotidienne

La mère respectée apparaît bien souvent comme "la
colonne de soutien de la chefferie". Matérialisant à la lettre
cette notion, les sculpteurs Yoruba réalisent souvent des
Poteaux de véranda (fig. 160) représentant une femme avec
son enfant sur les genoux. Ces sculptures destinées aux

157. Grande statue, image de la maternité.
Mali. Bambara. Bois.
H : 115 cm. The
Metropolitan Museum of
Art, New York.

158. Mère et enfant.
Zaïre. Mbala. Bois.
H : 54 cm. Musée royal
de l'Afrique centrale,
Tervuren.

170

159. Mère et enfant.
Zaïre. Yombe. Bois.
H : 42 cm. Musée royal
de l'Afrique centrale.
Tervuren.

**160. Poteau de
Véranda.**
Nigéria. Yoruba. Bois dur,
restes de peinture
blanche d'origine euro-
péenne. H : 142 cm.
Musée Barbier-Mueller,
Genève.

palais royaux, aux temples ou aux habitations de riches notables, donnent de la femme une vision sculpturale pleine d'une autorité qu'a bien su rendre un artiste dont le nom est pour une fois connu, Oshamuko, auteur vers 1920 du poteau sculpté de la collection Barbier-Mueller.

Des difficultés psychologiques pouvaient toutefois exister entre un mari et sa femme. Celle-ci était tenue à une discrète soumission. Mais chez les Woyo de Cabinda, si elle voulait faire entendre son point de vue, elle pouvait avoir recours à des couvercles de plats sur lesquels sont représentés des proverbes. C'était sa mère qui lui en donnait un jeu à son mariage. Elle pouvait en utiliser un lorsque son mari recevait des amis, afin de les prendre à témoin de ses difficultés et de faire d'eux des arbitres. Sur l'un des couvercles, la femme couchée à plat ventre semble implorer la pitié, mais sur un autre, un oiseau s'échappant d'un piège signifie : "Si j'en ai envie, je retournerai chez mes parents."

Si subtil que soit ce jeu de couvercles, il ne pouvait résoudre tous les problèmes. Les "affaires de femmes" étaient très fréquentes et provoquaient des affrontements armés entre clans. La femme adultère était cruellement châtiée et pouvait être mise à mort. C'est la scène que représente une sculpture kongo en stéatite : un mari furieux qui a déjà tué l'amant de sa femme se prépare à étrangler celle-ci.

La femme menait le plus souvent une vie de travail pénible et ininterrompu, même si elle était enceinte. Chez les Dogon, de longs discours au moment des funérailles célébraient le labeur des hommes et des femmes. Pour ce qui est de la femme, D. Paulme et G. Dieterlen, ethnologues, rapportent les phrases suivantes : "Merci pour hier. Merci d'avoir travaillé dans les champs. Merci d'avoir eu des enfants, avec l'aide de Dieu. Merci d'avoir préparé la nourriture. Merci pour la viande, merci pour la bière de mil, merci pour l'eau. Merci."

La statue Dogon d'une *Pileuse de mil* (fig. 161), dont il existe plusieurs variantes, pourrait être l'équivalent visuel de ce genre d'oraison. Placée sur l'autel familial, la statue perpétuerait le souvenir du travail toujours recommencé de la mère disparue.

161. Femme avec un mortier et un pilon dite "La Pileuse de mil".
Mali. Dogon. Bois, fer. H : 56,6 cm. The Metropolitan Museum of Art, New York.

Page de gauche

162. Tête de Reine-mère.
Nigéria. Bénin. Laiton. British Museum, Londres.

Sur l'autel ancestral

Dans les familles royales, la position de la reine-mère était généralement très forte. Son autorité apparaît d'emblée dans les têtes en bronze représentant les *Reines-mères du Bénin* (fig. 162), qui avaient droit à leur autel personnel. Et comment pourrait-on oublier au Cameroun l'imposante figure de Reine-mère siégeant dans le groupe de l'Afo-a-Kom de Laïkom ? (fig. 47, p. 65)

Qu'il s'agisse de familles royales ou ordinaires, sur les autels des ancêtres, la femme est souvent représentée à l'égal de l'homme. Le couple ancestral, à l'origine de la vie, ne saurait être dissocié. Des statuettes en terre cuite, récemment découvertes au Komaland (Ghana) (fig. 163) le prouvent à l'évidence. Aucun lien matériel n'unit ces deux personnages, mais ils perdraient une grande partie de leur signification si on les séparait. La même chose se vérifie pour tous les couples ancestraux mentionnés dans le chapitre consacré à ce sujet.

Dans tous ces exemples, la statue féminine marque le terme ultime auquel est parvenue une femme qui, par ses maternités, a obtenu une place dans la société et perpétue l'exemple de l'ancêtre du lignage.

Pour la parure
et les *regalia,*
l'or

Bijoux, parures, *regalia,* l'or pour les Européens a fait figure depuis des millénaires de métal précieux par excellence, permettant à une classe sociale privilégiée de manifester sa supériorité. En Afrique, tout est très différent. A l'origine, le métal le plus recherché était le cuivre. Ce sont les Arabes qui, servant d'intermédiaires à partir du VIIe siècle, ont fait connaître aux Africains la valeur marchande de l'or.

L'orfèvrerie ne s'est pas développée également dans toute l'Afrique. On constate son existence surtout en Afrique occidentale, dans deux grandes zones, d'une part le Sahel aride, depuis le Sénégal jusqu'au Mali et au Niger, et d'autre part dans les régions forestières du Ghana (ancienne Côte-de-l'Or) et de Côte d'Ivoire peuplées par les Akan. En revanche, dans de vastes territoires, on ne trouve pas de production indigène d'orfèvrerie. C'est le cas du Burkina Faso, du Libéria, de l'Ouest et du Nord de la Côte d'Ivoire, de l'Est et du Nord du Ghana, du Togo, du Bénin, du Nigéria et du Cameroun.

En comparaison des énormes quantités d'or qui, en l'espace de quinze siècles, ont été travaillées dans ces pays, très peu d'objets anciens nous sont parvenus. Différentes causes ont contribué à leur disparition. En premier lieu, il faut citer la fonte, pour faire face à des nécessités économiques ou simplement pour suivre la mode. Au Sénégal, rares sont les bijoux remontant à plus de quarante ou cinquante ans. Le

177

166. Femme Peul.
Archives Barbier-Mueller,
Genève.

167. Orfèvre Peul au travail.
près de Djenne.
Archives Barbier-Mueller,
Genève.

commerce a également contribué à vider l'Afrique occidentale de son or en l'expédiant, à travers le Sahara, vers l'Afrique du Nord, l'Égypte et l'Europe. Les trésors demeurés malgré tout en Afrique ont été soumis aux aléas de la guerre : de nombreuses défaites se sont soldées par leur saisie à titre de butin. Parfois pourtant, quand les vainqueurs étaient des Européens, les indemnités de guerre payées en nature ont permis de conserver des pièces de valeur. Ce fut le cas des objets saisis par les Britanniques à Kumasi (Ghana) en 1874 (fig. 164) et par les Français à Ségou (Mali) en 1893. Enfin, lorsqu'un souverain avait réussi à préserver son trésor et l'emportait avec lui dans la tombe, celle-ci risquait fort d'être pillée, malgré les interdits religieux. La recherche archéologique en Afrique n'a que rarement ramené au jour des objets d'or importants. La seule trouvaille remarquable est le *Pectoral* trouvé dans une tombe princière près de Rao au Sénégal. Il pourrait dater du XVIIᵉ ou XVIIIᵉ siècle.

Comment étudier l'orfèvrerie africaine ?

Dans ces conditions, il est difficile de remonter très loin dans le passé. Les bijoux et *regalia* appartenant aux musées ou aux collections privées datent pour les plus anciens du milieu du XIXᵉ siècle et pour la majorité du début de ce siècle.

Pour les XVIIᵉ et XVIIIᵉ siècles heureusement, nous disposons des renseignements que nous a laissés un Français, Jean Barbot, dans son *Journal de voyage* rédigé à la suite de son long séjour en Côte-de-l'Or en 1678-1679. Des croquis précis (fig. 165) prouvent dès cette période l'existence de formes qui se sont transmises aux orfèvres Akan de Côte-d'Ivoire et sont encore fabriquées de nos jours.

Une confirmation inespérée des recherches de Barbot est intervenue récemment avec la fouille d'une épave de navire échoué au large de Cape Cod (Massachusetts) aux États-Unis. C'est le *Whydah,* qui y fit naufrage en 1717. Construit pour la Compagnie royale d'Angleterre, il tenait sans doute son nom de la ville de Ouidah, dans l'actuel Bénin, qui était au XVIIIᵉ siècle un important port de transit pour le commerce des esclaves. Après avoir échangé des objets manufacturés européens contre des esclaves, de l'ivoire et de l'or, le navire fit voile vers la Jamaïque où il vendit son chargement. Il fut ensuite la proie de pirates, dont le chef avait une maîtresse à Cape Cod. L'homme décida de s'y rendre, mais le navire, pris dans une tempête, sombra avec la quasi-totalité de ses occupants dans la nuit du 26 avril 1717. N'étant pas en mesure de renflouer l'épave, les fonctionnaires de la Colonie du Massachusetts ne purent que noter son emplacement.

La légende du navire survécut à Cape Cod jusqu'à ce qu'un natif de l'endroit, Barry Clifford, chasseur de trésors de son état, parvienne à localiser la coque qui reposait toujours par le fond. En 1984, Clifford ramena à la surface des pièces de monnaie, des lingots d'or et de petits bijoux ou objets d'or. Une cloche de navire portant l'inscription "Whydah Gally 1716" éliminait toute possibilité de doute sur l'origine des trouvailles. L'épave, considérée comme site archéologique, fut alors fouillée scientifiquement.

Si Clifford avait espéré retirer de l'océan des œuvres d'art de grande valeur, il dût être déçu. L'or récupéré était en piètre état, composé de nombreux petits bijoux usés et cassés, qui avaient été comprimés pour en réduire le volume avant de pouvoir les fondre. Mais, à titre documentaire, leur intérêt est exceptionnel : ce sont les plus anciens bijoux africains datés avec certitude. Très proches des formes dessinées par Jean Barbot un demi-siècle auparavant, ils apparaissent aussi comme les antécédents directs des créations des orfèvres Akan et Ashanti de l'actuel Ghana. Ils prouvent enfin que l'orfèvrerie africaine n'avait pas encore subi l'influence européenne qui devait par la suite se révéler si forte.

L'or dans la nature africaine

L'Afrique occidentale a fait figure pendant des siècles de riche réserve d'or, avec une production moyenne totale de deux tonnes par an de 1400 à 1900. Les zones aurifères sont peu importantes, mais nombreuses. Les premières à être exploitées, peut-être dès le IVe siècle ap. J.-C., ont été les gisements du Bambouk et du Boure au Sénégal et en Guinée. D'autres zones aurifères se trouvent au Ghana, en Côte d'Ivoire, et, avec un rendement moindre, au Burkina Faso. La plupart étaient déjà exploitées avant l'époque coloniale.

165. Bijoux Akan
dessinés par Jean Barbot pour illustrer ses manuscrits de 1679 et 1688, et son livre publié en 1732.

179

168. Boucles d'oreilles Peul.
Mali. Or martelé. Milieu du XXᵉ siècle. Musée Barbier-Mueller, Genève.

Page de droite

169. Ornements.
Sénégal, Mali et Mauritanie. Toucouleur, Sarakole et Maure. Argent doré. Musée Barbier-Mueller, Genève.

Dans les mines, on creusait des puits de dix à vingt mètres de profondeur, juste assez larges pour permettre la descente d'un seul ouvrier. Accroupi au fond, celui-ci attaquait au pic la roche riche en or, dont les fragments étaient remontés à la surface dans un panier. Il payait souvent les trouvailles de sa vie, car les accidents étaient fréquents dans ces boyaux non étayés.

Moins dangereux, mais d'un rendement très inférieur, le lavage du sable ou des alluvions de certaines rivières était largement répandu. L'orpaillage est, en Afrique occidentale, une activité ancestrale. Le travail s'effectuait après la pluie qui, en les faisant briller, rendait visibles les minuscules parcelles d'or. Le sable était lavé et décanté par les femmes dans des calebasses. Olfert Dapper raconte, dans sa *Description de l'Afrique* (1668), que pour trouver un sable plus riche en pépites, certains plongeurs allaient le ramasser au fond des rivières.

L'Afrique du sud, malgré sa richesse bien connue en or, n'a pas produit de bijoux remarquables. Les fouilles du Zimbabwe n'ont exhumé qu'une petite quantité de bijoux d'or. Quant aux Zulu, ils préféraient les perles de verre polychromes.

L'or maléfique

A l'égard de cet or si durement acquis, les sentiments des Africains sont très ambigus. Le métal précieux a pendant longtemps été redouté. Son éclat jamais terni semblait animé d'une vie propre, celle d'un esprit malfaisant prêt à rendre fou celui qui le découvrait ou à anéantir sa famille. Son origine restait mystérieuse. On pensait, racontent des géographes arabes du Xᵉ siècle, qu'il poussait comme une plante et se multipliait dans la terre. Georges Niangoran Bouah, principal spécialiste africain actuel pour l'or, professeur à l'IES d'Abidjan, rapporte enfin que certains Africains croient que l'or sort dans le ciel et apparaît sous forme d'arc-en-ciel.

De tout temps, la récolte du dangereux métal, toujours prêt à se manifester dans la violence des éboulements et les éclatements de roc, s'est accompagnée de cérémonies rituelles. Il fallait neutraliser par des sacrifices sa puissance négative. Dans les régions du Bambouk et du Boure, on fai-

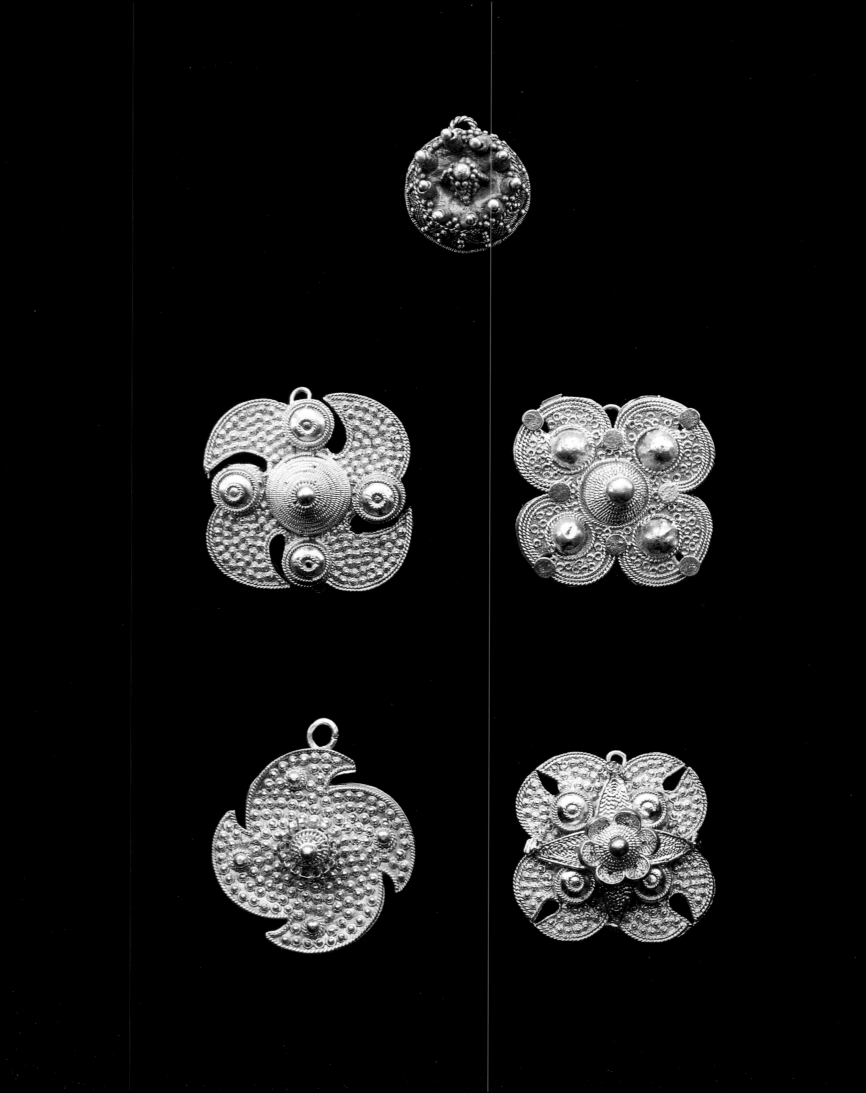

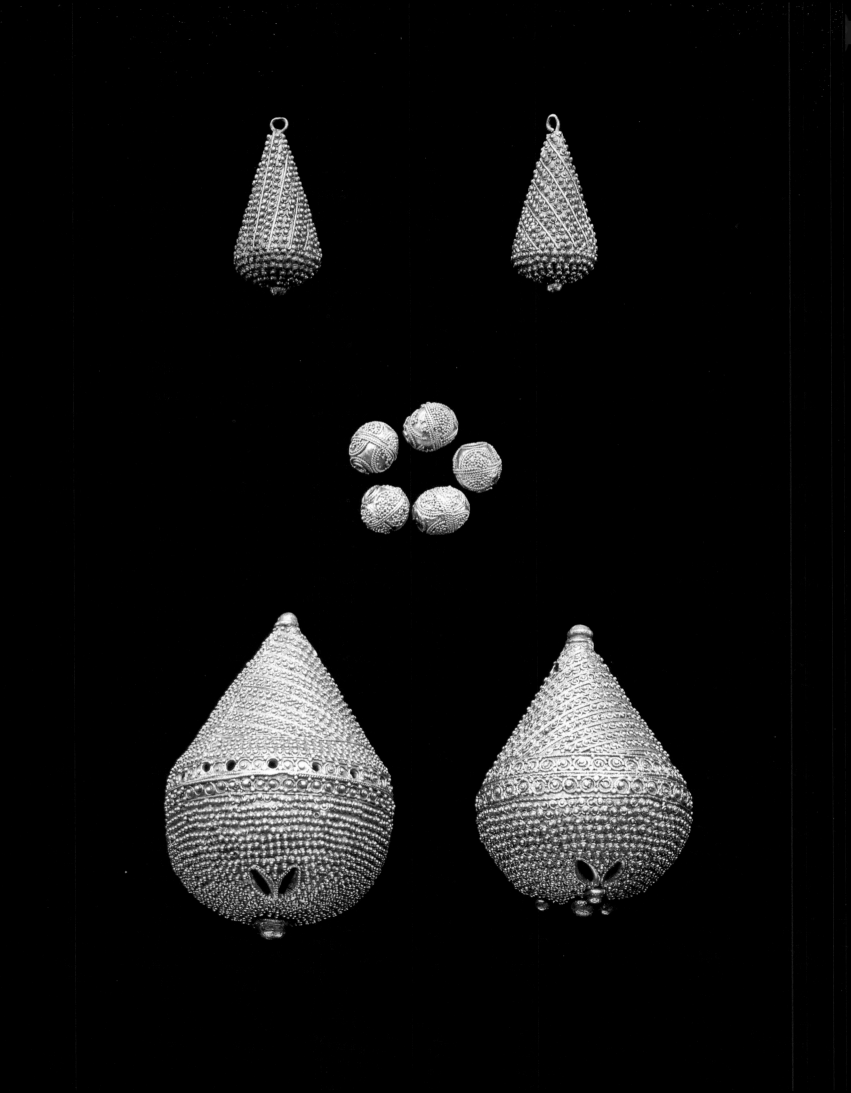

sait appel pour l'ouverture d'une nouvelle mine à un musulman qui récitait des versets du Coran. Chez les Akan animistes, un prêtre effectuait un sacrifice aux esprits des ancêtres, et les mineurs devaient respecter de nombreux interdits. Au milieu de ce siècle encore, l'apparition d'une très grosse pépite était source de consternation ! Tout travail cessait en attendant le sacrifice d'un jeune taureau roux.

De nos jours, on voit des Akan du Ghana porter des pépites d'or enfilées en bracelets ou colliers, qu'ils considèrent comme des fétiches capables de les protéger. La croyance en une puissance magique est donc toujours présente, mais elle est devenue positive. Dans cette évolution, un certain rôle semble devoir être attribué aux peuples d'Afrique du Nord. A leurs yeux, l'or était bénéfique et ils comprirent en tout cas très tôt sa valeur marchande et son importance commerciale. Ce sont eux qui, par les contacts transsahariens, amenèrent les populations du Sahel à vaincre leur crainte de l'or.

Les Arabes qui, au VIIe siècle avaient déferlé sur le Maghreb devinèrent bientôt qu'il y avait de l'or au-delà du Sahara, mais sans jamais parvenir à le localiser. Les gisements particulièrement riches des Akan ne furent connus des peuples voisins qu'aux environs du XIVe siècle, date qui marqua le début d'un important commerce.

Les trois grands empires - Ghana, Mali et Songhay - qui se sont succédé au Soudan occidental du XIe au XVIe siècle ont laissé parmi les contemporains le souvenir d'une profusion d'or inimaginable. D'après les récits des voyageurs, les cours du Ghana et du Mali ruisselaient d'or ; on y trouvait des chevaux caparaçonnés de fils d'or tissés, et les chiens eux-mêmes portaient des grelots d'or.

Cette abondance de métal précieux ne manqua pas d'attirer l'attention des Européens qui, à partir du XVe siècle arrivent par mer et concurrencent les échanges transsahariens. Les villes côtières se développent et un nouvel équilibre s'instaure, qui exporte vers le Vieux Continent d'énormes quantités d'or.

Un vaste hiatus sépare évidemment ces merveilles disparues des objets relativement tardifs qui nous sont parvenus. Mais on peut encore admirer de très belles pièces des XIXe et XXe siècle, parmi lesquelles apparaissent plusieurs styles différents et caractéristiques.

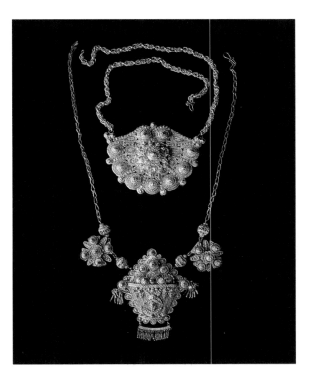

**171. Ensemble de
bijoux en filigrane.**
Sénégal. Wolof. Argent
doré. Musée Barbier-
Mueller, Genève.

Page de gauche

**172. Collier de 108
perles.**
Ghana. Akan. Or.
Longueur : 49,5 cm.
Poids : 84 g. XIXe siècle.
Musée Barbier-Mueller,
Genève.

173. Pectoral en forme de disque, suspendu à des liens en fibre.
Ghana. Akan. Alliage d'or et d'argent. Diam. : 10,6 cm. Poids : 127 g. Musée Barbier-Mueller, Genève.

Des côtes du Sénégal aux savanes du Mali

Les orfèvres maliens (fig. 167) peuvent à juste titre s'enorgueillir d'être les auteurs de certains des plus somptueux bijoux africains (fig. 166). Ce sont les boucles d'oreilles des femmes Fulani (Peul), véritables œuvres d'art abstrait (fig. 168). Elles sont produites par martelage à partir d'un bâtonnet d'or qui est aminci pour constituer quatre sortes d'ailes finalement recourbées en croissant. Leurs larges surfaces polies, parfois ornées de légers motifs gravés, irradient un éclat multiplié. Mais leur poids (de 50 à 300 grammes) exige, pour éviter le déchirement du lobe de l'oreille, le soutien d'un lien de cuir ou de textile rouge passant sur le dessus de la tête.

Le parti adopté par les orfèvres sénégalais s'oppose totalement à celui des maliens. Les surfaces lisses sont oubliées, les artisans privilégient les complexités du grénetis et du filigrane qui leur permettent de jouer sur les transparences et les effets de densité. Parmi les motifs ainsi produits se trouvent les "griffes de lion" (fig. 169), terme local pour désigner une sorte de *swastika* aux branches courbes portée en pendentif.

Le filigrane permet aussi de créer de grosses perles creuses rondes ou biconiques (fig. 170) qui s'enfilent en colliers et des ornements de tête en forme de sphère ou de poire groupés par deux ou trois dans les cheveux.

Il n'est pas possible de rattacher à une région précise ces formes de bijoux qui, d'une part ont été largement copiées, et d'autre part se transportent facilement. Les Peul, ne l'oublions pas, sont des nomades. Enfin, les orfèvres eux-mêmes voyageaient.

Dans les pièces sénégalaises les plus anciennes, une influence mahgrébine ou mauritanienne est sensible, et des similitudes ont même été constatées avec des bijoux de style islamique du XIᵉ siècle retrouvés à Jérusalem. L'amour des femmes maures pour les bijoux est bien connu, mais il s'agit alors surtout d'objets en argent.

L'influence européenne a malheureusement beaucoup joué sur l'orfèvrerie sénégalaise. Ressentie probablement dès le XVIIᵉ ou XVIIIᵉ siècles dans la ville de Saint-Louis du Sénégal, elle a amené les artisans à travailler commercialement en vue de la clientèle du vieux continent. Ils ont traduit dans les techniques qu'ils maîtrisaient, filigrane et grénetis, les motifs les plus dépourvus d'originalité, papillons, fleurs stylisées ou paniers de fleurs, versions modernes d'anciens motifs sahéliens matérialisant un rêve ancestral de fleurs en bordure du Sahara (fig. 171).

De nos jours, les bijoux portés au Sénégal et au Mali répondent à un désir de coquetterie et de prestige social. Ils sont uniquement destinés aux femmes. Dans le passé, les hommes en portaient aussi, mais l'islam en se propageant a fait disparaître cette habitude.

Il faut enfin préciser que, jusqu'à une date récente, l'artisan sahélien producteur de bijoux n'était pas spécialisé dans le travail de l'or. C'était aussi un forgeron capable de façonner n'importe quel métal, et il lui arrivait bien souvent d'utiliser de l'argent.

Les Akan du Ghana

On groupe sous le nom d'Akan six millions d'individus appartenant à des ethnies différentes et vivant au Ghana et en Côte d'Ivoire. Ils sont célèbres pour leur richesse en or et l'abondance des bijoux et *regalia* portés par les souverains et leur suite lors des fêtes publiques. N'étant pas musulmans, ils ne sont pas soumis aux restrictions du Coran concernant le port de bijoux par les hommes. Pour organiser et développer le commerce des métaux sur de longues distances, les Akan ont utilisé les capacités d'un autre peuple, les Mande, musulmans qui, à la différence des Akan, savaient écrire. Ce sont les Mande qui ont introduit l'emploi de la poussière d'or comme monnaie d'échange et l'habitude de la peser avec des poids spéciaux en laiton. Les Mande ont aussi fourni aux Akan le cuivre nécessaire à certains alliages et leur ont enseigné certaines techniques, en particulier la fonte à la cire perdue.

Quand Jean Barbot séjourna en Côte-de-l'Or en 1678, ce sont des bijoux Akan qu'il dessina. Bien qu'il mentionne dans son texte de nombreux motifs figuratifs, des animaux en particulier, les perles des dessins ont des formes abstraites, disques, spirales, rectangles, losanges, cônes ou tubes. Certains de ces motifs ont survécu pendant des siècles. (fig. 172). Un *Pectoral* (fig. 173) circulaire et finement ouvragé de la collection Barbier-Mueller se révèle très proche des dessins de Barbot et reprend également le schéma du

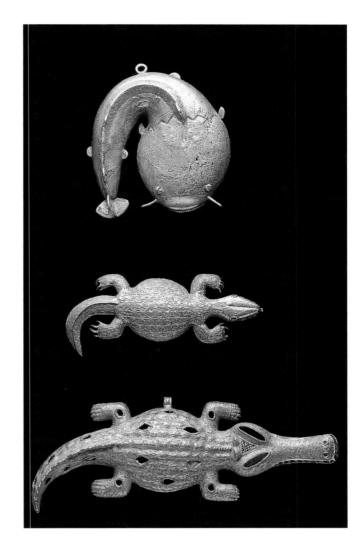

174. Ornements d'épée en forme de poisson et de crocodile.
Ghana. Akan. Or. Musée Barbier-Mueller, Genève.

176. Sommet d'un bâton de messager.
Ghana. Akan. Bois sculpté couvert d'une feuille d'or.
H : 26,8 cm. Musée Barbier-Mueller, Genève.

Page de droite

175. Epées rituelles.
Ghana. Akan. Lame en fer, pommeau en bois sculpté couvert d'une feuille d'or. Musée Barbier-Mueller, Genève.

Pectoral de Rao. Ces disques, portés dans le passé par les dignitaires de l'entourage du roi, apparaissent encore en public pour des cérémonies. Leur origine serait peut-être à situer dans les dinars d'or souvent transformés en parure au nord et au sud du Sahara.

Les bagues, dans le passé, étaient rares et peu décorées chez les Akan. Barbot n'en dessine qu'une, dépourvue d'ornements. Mais, par la suite, on constate une étonnante prolifération d'éléments figuratifs de toutes sortes, animaux, oiseaux, poissons, insectes, fruits et têtes humaines. Bien souvent, ces bagues ont une signification, elles rappellent un proverbe ou aphorisme populaire et entretiennent des liens étroits avec l'inconscient collectif, ce qui ne leur enlève rien de leur valeur artistique.

Ainsi, le porc-épic, très fréquent, incarne le guerrier invincible et le pouvoir du chef. La grenouille n'est pas un symbole royal très courant, mais lorsqu'elle apparaît sur des bagues, elle rappelle que : "La longueur de la grenouille ne se voit qu'après sa mort", qui peut se traduire par "La valeur d'un homme n'est pas reconnue de son vivant". Le poisson de vase (fig. 174), autre symbole royal, a au contraire un sens ambigu. Il est souvent associé au crocodile, par exemple dans le proverbe : "Si le poisson de vase avale quelque chose de précieux, il le fait pour son maître" (le crocodile).

Ce bestiaire très particulier peut aussi orner une infinité d'objets, depuis les pendentifs d'épée et les casques jusqu'aux sommets de hampes royales. Sur les casques des gardes du corps d'un chef, des serpents enroulés transmettent un message très clair : "Un serpent mord quand on le met en colère" soit "N'éveillez pas la colère du chef."

On trouve parfois une tête coulée en or représentant un ennemi vaincu, accrochée au trône de souverains Akan ou à leurs épées de cérémonie. Parmi les prises de guerre rapportées de Kumasi par les Britanniques se trouvait une *Tête* (fig. 164) coulée en or pur, d'un poids de 1,5 kg, représentant un chef mort au combat, Worosa, roi de Banda ou peut-être Adinkra, roi de Gyaman.

Les *Épées de cérémonie* (fig. 175) ne sont pas destinées au combat (leur lame n'est pas aiguisée), mais elles ont un sens. La graine qui orne leur pommeau en bois recouvert d'or est un symbole de fertilité ou de richesse. Une autre, au pommeau or et blanc, intervient dans une cérémonie rituelle

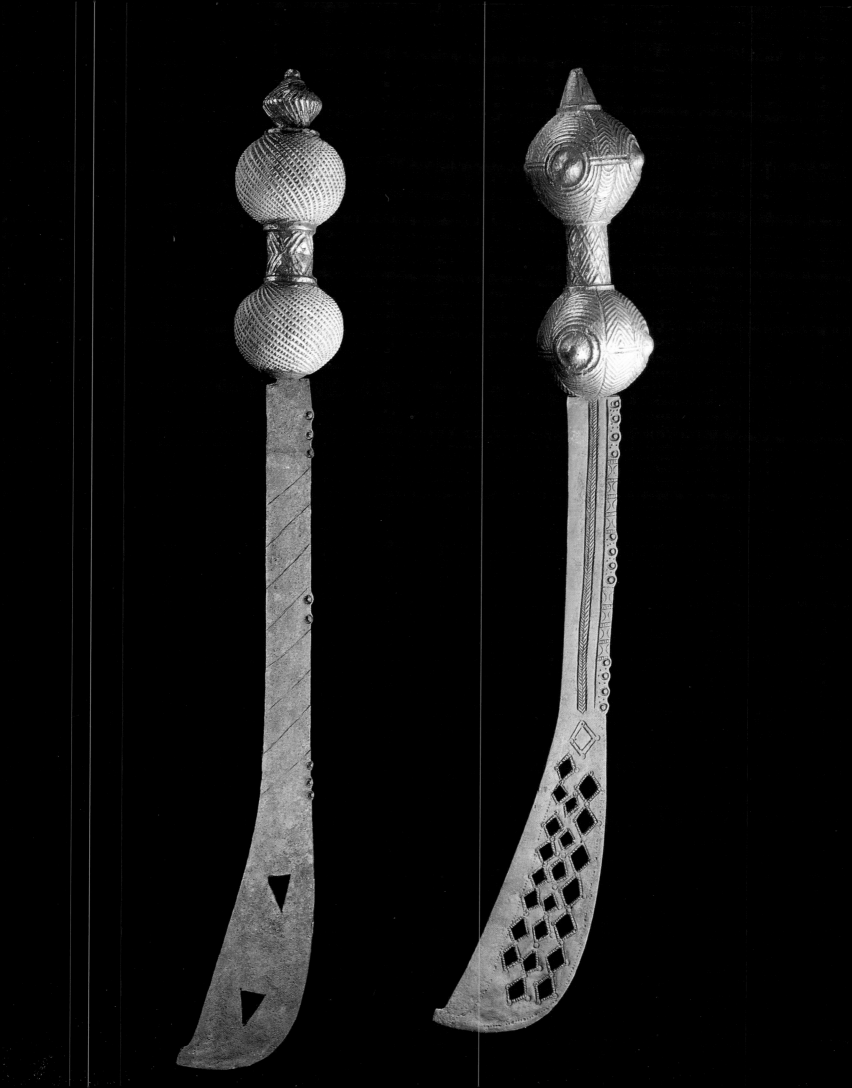

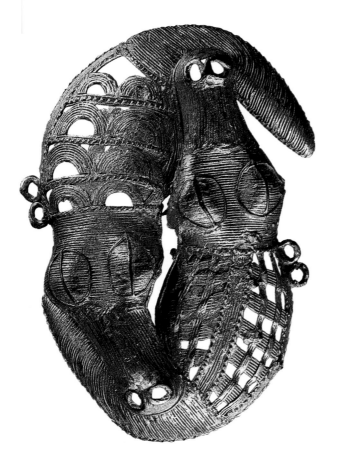

178. Pendentif.
Côte d'Ivoire. Baoule. Or.
H : 9,5 cm. Musée
d'Afrique et d'Océanie,
Paris. Photo : R M N.

Page de droite

**177. Bracelets de chef
et de reine-mère.**
Ghana. Akan. Bois sculpté
couvert d'une feuille d'or
pour les bracelets de
chef, or ou alliage d'or et
d'argent pour les brace-
lets de reine-mère. Musée
Barbier-Mueller, Genève.

où le "laveur d'âme" est supposé purifier l'âme du roi. Celui-ci, d'ailleurs, posera la main sur une épée d'apparat au moment de prêter serment.

Une fois intrônisé, le souverain siège sous un parasol, dont le sommet est orné de motifs animaux, et ses messagers portent des bâtons semblablement décorés. L'un d'eux, en bois recouvert d'or (fig. 176) et surmonté d'un oiseau, apparaît à nos yeux d'Européens comme une splendide sculpture qui séduit par l'harmonie douce de ses volumes. Mais, pour les Akan, cet oiseau *sankofa* est associé au proverbe : "Ramasse ce qui tombe derrière toi", en d'autres termes : "Profite de l'expérience du passé."

Dans les classes moyennes, les bracelets ne sont pas très courants chez les Akan, hommes ou femmes. Mais les chefs et leurs épouses ou reines-mères compensent par la taille énorme de ceux qui leur sont attribués. Pour en alléger le poids, et le prix, ils sont coulés en deux parties avec un creux central. Leur décoration complexe allie des pointes à des motifs gravés (fig. 177). Par ailleurs, de nombreux ornements en or fixés aux coiffures des chefs ou à leurs sandales augmentent encore le déploiement de luxe des *regalia*.

Dans tous les bijoux et *regalia* Akan, on constate une majorité de formes figurées. Seuls les bracelets et certains disques pectoraux portent des motifs abstraits. Les autres ornements sont de belles sculptures en miniature, travaillées en volume, avec une attention spéciale portée au jeu des surfaces. Ces caractères différencient les productions des Akan des créations légères, filigranées et plus banales des orfèvres sénégalais, tout comme ils les différencient des abstractions ou visions stylisées des peuples de Côte d'Ivoire.

En Côte d'Ivoire, des ethnies proches des Akan

Les populations du Centre et du Sud de la Côte d'Ivoire apparentées aux Akan sont d'une part le groupe des Anyi, Baoule et Nzima, et d'autre part les nombreuses ethnies des lagunes. Dans le sol, des zones aurifères dispersées, moins riches que celles du Ghana, fournissent cependant la matière première nécessaire aux nombreux orfèvres actifs dans les villages. Leurs créations se composent surtout de bijoux personnels, en particulier des perles et des pendentifs. Les

179. Pendentif en forme de face humaine.
Côte d'Ivoire. Région de la frontière du Ghana. Peut-être Anyi ou Abron. Alliage d'or et de cuivre. H : 8,5 cm. Poids : environ 75 g. Musée Barbier-Mueller, Genève. Ce "masque" miniature fondu à la cire perdue pourrait être une tête de trophée Akan représentant un esclave ou un ennemi tué dans un combat.

bagues sont pratiquement absentes de la production indigène ancienne. Les *regalia* sont moins importants que dans les cours des souverains du Ghana, car les chefs ici règnent sur un territoire plus réduit, parfois guère plus qu'un village, et disposent de ressources limitées.

Les parures en or de Côte d'Ivoire se distinguent nettement par le style de celles des Akan. Les formes figuratives, les représentations animales sont remplacées en Côte d'Ivoire par des traductions stylisées de thèmes semblables, et même par des formes géométriques totalement abstraites.

L'orfèvrerie ivoirienne s'est sans doute développée depuis le XVIIe siècle, mais il n'en reste pas de trace. Au XIXe siècle, on trouvait surtout des objets en or fondu à la cire perdue, mais plus récemment, pour abaisser les prix de revient, on utilise davantage d'objets en bois couverts de feuilles d'or. Il est difficile de distinguer les productions des Baoule, (fig. 178) de celles des ethnies des Lagunes. On peut pourtant considérer que les fontes les plus parfaites sont dues aux Baoule tandis que chez les orfèvres des Lagunes la qualité technique est moins soignée.

Les créations les plus remarquables des orfèvres ivoiriens sont des pendentifs en forme de face humaine stylisée. Un visage émerge seul, sans cou, avec un relief aplati. Certaines têtes, qui conservent un semblant de réalisme, sont parfois assez proches des têtes des statues Baoule (fig. 179). D'autres sont réduites à un ovale perforé de triangles (fig. 180) dans une surface faite de fils d'or juxtaposés. Les orfèvres ivoiriens voient généralement dans les plus grandes têtes-pendentifs, dotées de perforations, des créations provenant des Lagunes. Ces pendentifs n'ont rien à voir avec les masques de danse ; ils peuvent être suspendus à un collier ou fixés dans les cheveux. Ce ne sont pas non plus des portraits, mais ils pourraient éventuellement représenter un ancêtre.

G. Niangoran Bouah accorde aussi aux pendentifs un rôle défensif : "Quand un homme était sur le point d'être frappé dans une rixe, écrit-il, il pouvait dire "J'ai une tête d'homme", ce qui le plaçait sous la protection de ses ancêtres et décourageait l'agresseur." Ces pendentifs n'étaient pas réservés aux seuls riches ; ceux qui étaient en cuivre passaient pour avoir les mêmes pouvoirs.

D'autres pendentifs représentent des animaux stylisés au point de n'être plus qu'un schéma au dessin très pur (fig. 181). Les "trésors" constitués par l'accumulation de ces objets d'or sont encore exhibés à l'occasion d'une grande fête, "la Fête des générations", et contribuent à hausser le chef de famille au niveau de notable.

Parmi les créations Baoule, on trouve de remarquables perles, plates le plus souvent, destinées à être enfilées en colliers. Elles n'ont pas le côté figuratif des perles Akan ; leurs formes géométriques strictes sont probablement issues de modèles Akan anciens tels que ceux qui ont été dessinés par Jean Barbot. D'une splendide simplicité, ce sont essentiellement des variations sur le thème du cercle ou du rectangle. A leur surface, des fils d'or juxtaposés tracent divers motifs, mais il ne s'agit pas de filigrane, tout est coulé. Au milieu de chaque perle, un canal tubulaire permet l'enfilage (fig. 182). Selon le témoignage d'orfèvres âgés, on donnait jadis à ces perles des noms poétiques, "étang d'eau" ou "soleil couchant" pour les cercles, "porte de bambou", "plume de poulet" ou "dos à dos" pour certains motifs rectangulaires.

180. Pendentif en forme de face humaine.
Côte d'Ivoire. Région sud-est. Or. H : 6,9 cm. Poids : 28 g. Musée Barbier-Mueller, Genève.

Les techniques de fabrication

Martelage et découpage. On chauffe une tige d'or et, quand le métal s'assouplit, on le façonne au marteau. C'est ainsi que sont fabriquées les boucles d'oreilles des femmes Fulani.

Forme en bois revêtue d'or. Après avoir sculpté le bois, l'artisan prépare par martelage une très mince feuille d'or qui sera collée sur le bois.

Fonte directe et fonte à cire perdue. Voir les indications données pour les œuvres du Bénin. Dans le cas des perles Baoule composées de fils placés côte à côte, l'orfèvre modèle un fil de cire de moins d'un millimètre d'épaisseur auquel il donne la forme voulue. A cette surface est ensuite accolée une seconde surface semblable. Finalement, l'artisan met ce modèle en cire dans un moule pour une fonte à cire perdue.

Filigrane. Ici l'artisan produit d'abord le fil d'or en l'étirant à travers les trous d'une plaque de fer. Le fil passe par des trous de plus en plus fins. Le fil métallique ainsi obtenu est ensuite disposé selon un dessin, en ménageant des vides. Le motif terminé est éventuellement placé sur une feuille d'or de même surface.

182. Collier de 21 perles.
Côte d'Ivoire. Baoule. Or.
Longueur totale : 84 cm.
Taille de la perle centrale : 6,7 cm. Poids : 252 g.
Musée Barbier-Mueller, Genève.

Page de gauche

181. Ornements en forme d'animaux stylisés.
Côte d'Ivoire.
Probablement région des Lagunes. Taille : entre 8 cm et 9,5 cm. Musée Barbier-Mueller, Genève.

Beauté signifiante
des
objets

Des dessins abstraits, parfois des sculptures figuratives, ornent un nombre très important d'objets africains. Les uns comme les autres dépassent la simple fonction décorative. Ils sont généralement chargés d'une signification précise. Leur rôle est de faire connaître visuellement la situation sociale du possesseur de l'objet, de rehausser son prestige. Mais ils peuvent aussi être utilisés dans un contexte cérémoniel et évoquer un mythe connu de l'assistance. Presque toujours donc, ils véhiculent implicitement un message symbolique.

Nous avons déjà vu qu'au Cameroun l'usage des pipes est réglementé par un code : n'importe qui ne peut pas utiliser n'importe quelle pipe. L'acquéreur, selon qu'il est homme du commun ou grand initié d'une confrérie, pourra ou ne pourra pas s'enorgueillir d'une pipe ornée de motifs sculptés dont le sens est clair pour l'entourage.

Ce n'est là qu'un exemple. Dans des catégories d'objets aussi variés que les instruments de musique, les sièges, les portes, les récipients ou les cuillers, l'ornementation ou la forme doivent être signifiantes et aussi belles que possible, car les Africains, sensibles à la beauté, l'associent au prestige. On le constate en particulier pour les sceptres (voir chap. VIII), les bâtons de champions (voir chap. V) et les *regalia* (voir chap. X).

Page de gauche

183. Tambour.
Guinée. Baga. Bois dur, peau. Polychromie en partie effacée : rouge, blanc, bleu, noir.
H : 172 cm. Musée Barbier-Mueller, Genève. Chez les Baga, la caisse du tambour est parfois montée, comme ici, sur un socle sculpté dont le sens n'est pas totalement élucidé. Deux cariatides féminines se trouvent de part et d'autre d'un cheval. On ignore leur raison d'être. Quant au cheval, pourquoi est-il là puisque les Baga n'en ont sans doute jamais eu car il ne peut survivre dans les conditions climatiques de la Guinée ? Sa présence s'explique sans doute par sa valeur de symbole, lié en Afrique au pouvoir militaire ou politique.

184. Tête de cordophone.
Angola. Imbangala. Bois dur patiné, clous, boutons, perlage, coton. H : 23 cm. Musée Barbier-Mueller, Genève.

Page de droite

185. Harpe arquée à cinq cordes.
Nord-est du Zaïre. Mangbetu. Bois tendre à patine claire avec décor pyrogravé. Fibres végétales, peau, écorce. H : 68 cm. Musée Barbier-Mueller, Genève.

Instruments de musique sculptés

Les instruments de musique étaient, et sont encore parfois, intimement liés à la fonction de chef. Au Cameroun, le Fon de Kom, photographié par Louis Perrois, est assis entre les statues royales représentant ses ancêtres et les instruments de musique sacrée (fig. 44, p. 62).

Dans les pays Bantou d'Afrique centrale, les tambours à fente (ou gongs) ou les tambours à membrane ont toujours joué un rôle social important. Une cérémonie spéciale avait lieu pour la consécration d'un tambour de chef, ce qui n'était pas le cas pour les instruments destinés à accompagner les danses profanes. En Afrique occidentale, il s'agit de *Tambours à membrane* (fig. 183), toujours liés au pouvoir masculin et réservés aux initiations de garçons ou aux funérailles de vieillards.

On groupe dans la catégorie des cordophones les cithares, lyres, luths et harpes dont le son résulte de la vibration de cordes tendues entre des points fixes. Chez les Imbangala d'Angola, le *kakosha* est un cordophone très rare dont on ne connaît que peu d'exemplaires. Il a la forme d'une femme debout. Deux cordes en fibre serrées par des chevilles sortent de sa bouche et aboutissent à un anneau fixé entre les jambes. Le musée Barbier-Mueller conserve une *Tête de cordophone* (fig. 184) d'une grande puissance d'expression, ce qui est d'autant plus surprenant que les Imbangala ont par ailleurs été très peu féconds au plan de la sculpture.

Les harpes sont plus particulièrement entourées d'une mystique très spéciale qui s'incarne dans des sculptures raffinées et les place très haut dans la considération sociale. Instruments de cour ou objets de légendes, elles doivent à leur forme souvent anthropomorphe un "supplément d'âme" qu'enrichissent encore l'amplitude et la diversité de leur son. Les Mangbetu ont produit d'admirables harpes anthropomorphes (fig. 185). La caisse de résonnance en losange est recouverte de peau et surmontée de cinq cordes aboutissant à la crosse de l'instrument sculptée en forme de figurine humaine. Celle-ci porte souvent la coiffure caractéristique des femmes de rang social élevé.

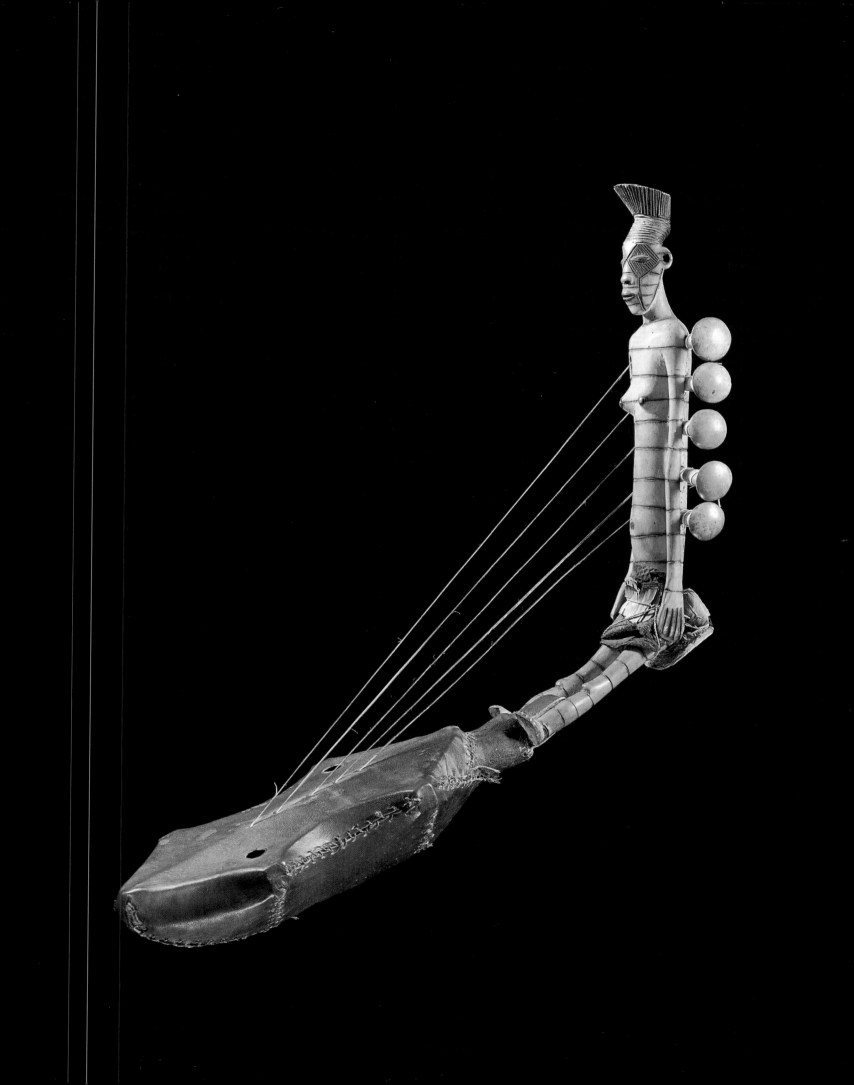

186. Tabouret de prestige.
Cameroun. Royaume d'Oku. Bois mi-lourd, patine croûteuse à surface brillante. H : 54,5 cm. Musée Barbier-Mueller, Genève.
Portant la coiffe propre aux effigies commémoratives des ancêtres royaux, le personnage masculin symbolise la légitimité de la dynastie régnante à laquelle le léopard et les serpents apportent un supplément d'autorité.

Sièges de chefs, portes de notables

Les sièges de chefs étaient l'attribut indispensable du prestige. A Ife, on a retrouvé trois sièges extraordinaires, sculptés dans un seul bloc de quartzite. Pour le roi du Bénin, on connaît de luxueux tabourets en laiton, pour les chefs du Cameroun, des sièges au dessin complexe (fig. 186) auxquels le perlage apporte souvent un chromatisme chatoyant (fig. 51 et 52, p. 70).

Chez les Luba, les Hemba et également les Songye du Zaïre, on remarque des sièges à cariatides d'une fascinante beauté. Plusieurs d'entre eux, de facture assez proche, sont attribués à un artiste dit "Maître de Buli" (fig. 187), car deux œuvres de ce style étaient accompagnées d'une mention donnant pour origine le village de Buli dans le Nord du pays Luba. Y a-t-il eu vraiment un Maître de Buli unique ? Il semble que l'on puisse distinguer deux mains légèrement différentes dans le groupe d'œuvres concernées. Ce serait donc plutôt une école ou un atelier. Quoi qu'il en soit, le style des œuvres, impressionnant au plus haut degré, est inoubliable. Il est caractérisé par des corps ascétiques et décharnés, des visages anguleux à l'expression triste et douloureuse, encadrés par de grandes mains de part et d'autre des oreilles. C'est aussi au Maître de Buli que l'on attribue la poignante *Porteuse de coupe* du musée de l'Afrique centrale de Tervuren (fig. 155 p. 168).

Séparations entre l'intérieur et l'extérieur, entre vie privée et contacts publics, les portes sculptées avaient d'abord pour rôle d'affirmer aux yeux du passant le statut social élevé du propriétaire. Une *Porte Senufo pour un maître magicien* (fig. 188) est sculptée en bas-relief d'un ensemble de motifs tous très chargés de symbolisme. Au contraire, une *Porte Baoule ornée de poissons* (fig. 189), sculptée de main de maître, semble avoir eu surtout un rôle décoratif, à moins qu'elle n'ait été une allusion à la convivialité d'un délicieux repas de poisson ou qu'elle n'ait illustré un proverbe. Le motif du verrou est souvent ouvragé avec un soin particulier. Celui de la Porte Senufo est un lézard finement sculpté (fig. 188) tandis que la *serrure d'une porte de grenier Dogon* (fig. 190, détail) est surmontée d'un couple de statuettes représentant le fondateur du lignage et sa femme, gardiens des récoltes conservées dans le grenier.

187. Siège à cariatide.
Zaïre. Luba-Hemba.
Attribué au Maître de Buli.
Bois. H : 61 cm. Fin du
XIXᵉ siècle. The
Metropolitan Museum of
Art, New York.

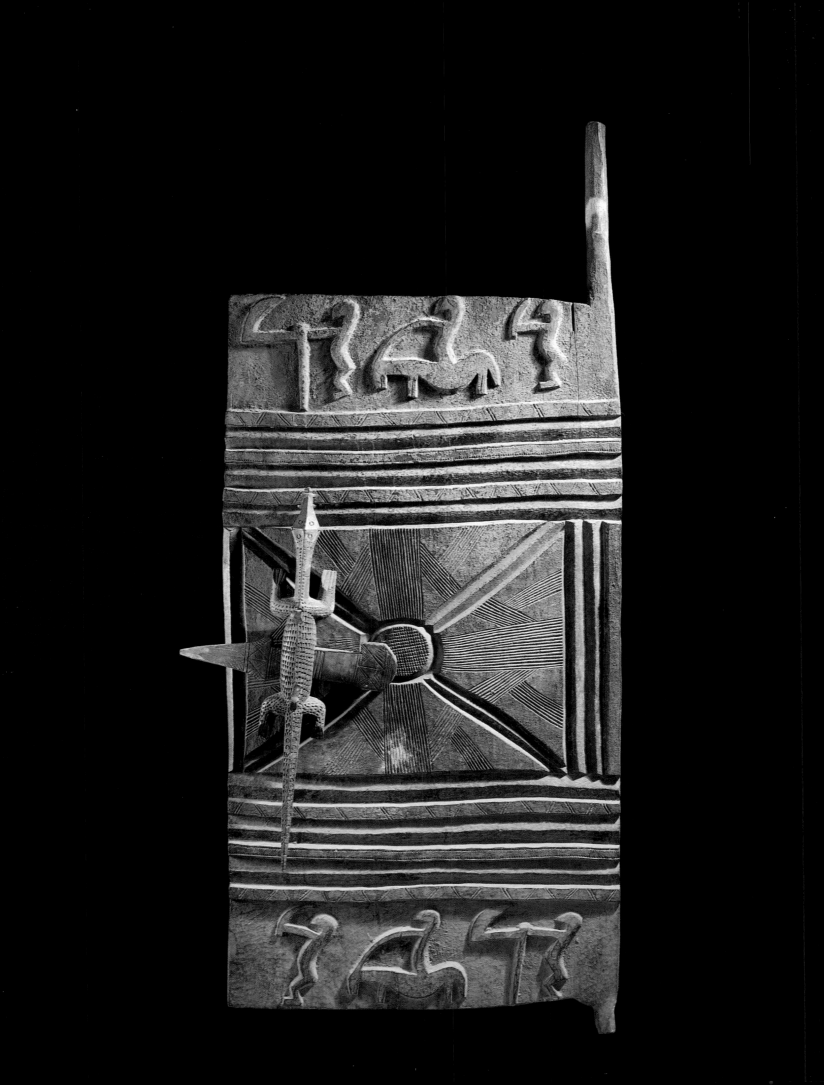

189. Porte.
Côte d'Ivoire. Baoule. Bois
dur. H : 146 cm. Musée
Barbier-Mueller, Genève.

Page de gauche

**188. Porte en bas-
relief pour un Maître
magicien.**
Côte d'Ivoire. Senufo.
Bois dur, patine foncée.
Hauteur avec charnière :
160 cm. Musée Barbier-
Mueller, Genève.
Cette porte a été fabri-
quée par un sculpteur sur
bois (kulebele) détenteur
d'un savoir occulte. Il a
placé au centre le motif
du "nombril de la mère",
allusion au mythe de la
création mais aussi sym-
bole du microcosme
villageois. Les registres
supérieur et inférieur sont
occupés par des groupes
de trois guerriers. Le reste
de l'espace est rythmé de
fines lignes qui se recou-
pent puis se croisent au
centre. Le pène est main-
tenu en place par un
crocodile, élément fré-
quent de l'art senufo et
qui peut être une allusion
aux forces du mal et à la
sorcellerie.

**190. Serrure d'une
porte de grenier
(détail).**
Mali. Dogon. Bois dur.
Musée Barbier-Mueller,
Genève.

191. Cuiller.
Libéria. Dan. Bois.
H : 48 cm. The
Metropolitan Museum of
Art, New York.

Page de droite

**192. Cuiller cérémo-
nielle.** Zaïre. Mangbetu.
Bois. H : 31 cm. Museum
Rietberg, Zurich.

Cuillers de cérémonie

Le monde des cuillers est infiniment diversifié en Afrique. On en trouvait dans toutes les régions, mais leur emploi variait largement. Le plus souvent, dans la vie courante, les Africains mangeaient en saisissant la nourriture de leur seule main droite. L'emploi d'une cuiller signalait un repas d'exception, un partage de nourritures sacrées, les festins marquant les fêtes ou, au contraire, les repas solitaires de souverains à qui leur nature supposée divine interdisait d'être vus en train de manger.

Signe extérieur de richesse et de prestige, la possession d'une cuiller permettait de dépasser la fonction utilitaire et, par la figuration sculptée, de rejoindre le mythe.

Dans la pratique aussi, le sculpteur se trouvait confronté à la nécessité d'unir en un seul objet deux éléments hétérogènes : le cuilleron de forme régulière et la partie figurée représentant souvent un personnage humain ou la moitié de son corps, tête et buste ou jambes et hanches. Il pouvait faire intervenir entre les deux un élément de jonction, comme on le constate souvent chez les Dan (fig. 191), ou un intervalle plus long meublé par une spirale finement travaillée comme sur certaines cuillers Fang. Mais il pouvait aussi juxtaposer sans transition le personnage et le cuilleron. C'est la solution adoptée par certains sculpteurs Mangbetu (fig. 192).

Quand une cuiller porte une sculpture figurée, le style en est le même que s'il s'agissait d'une statuette indépendante. Les schémas traditionnels de chaque culture sont respectés. Ainsi les Akan de Côte d'Ivoire ont créé des cuillers de métal dont le manche peut s'orner de motifs à cire perdue. Destinées à peser l'or, ces cuillers pouvaient, une fois perforées, faire office de tamis.

Les Dan et leurs voisins les We de Côte d'Ivoire ont produit un grand nombre de très belles cuillers. Le manche est constitué soit par un buste féminin, soit par des jambes prolongeant le cuilleron allongé qui, rempli de riz, semble un ventre gonflé de femme enceinte. Il peut même y avoir un double cuilleron évoquant des seins nourriciers.

La cuiller Dan est une cuiller cérémonielle, insigne de la femme à qui elle a été décernée. Cette *wadeke* ou *wunkirle* est considérée comme la meilleure cuisinière et organisatrice de banquets, remarquée pour sa généreuse hospitalité et

secondée par les autres membres d'une société féminine. Le chef de tribu fait appel à elle lorsque des circonstances particulières, notamment des funérailles, motivent l'organisation d'un festin. La cuiller servira alors à distribuer le riz et la viande provenant des réserves de la femme ou de son petit troupeau. Pour mener à bien ces diverses tâches, la femme a besoin de l'aide d'un esprit qui s'incarne dans les grandes cuillers. Par leur truchement, les esprits viennent collaborer à la préparation de la fête.

Récipients cérémoniels ou profanes

En aussi grand nombre que pour les cuillers, on trouve en Afrique des récipients divers ornés de sculptures. Ils répondent à des buts très variés, allant du sacré au profane. Parmi les récipient cérémoniels, citons pour les Dogon le *Plat des ancêtres* dit aussi *Arche du monde* (fig. 193) qui, conservé loin des regards, n'était sorti qu'une fois l'an, au solstice d'hiver, pour la cérémonie réunissant l'ensemble du lignage. Les viandes provenant des sacrifices y étaient déposées avant d'être distribuées aux participants.

Bien que ce ne soit pas à proprement parler un récipient cérémoniel, mentionnons ici l'*Oracle à souris Baoule* dont le plus bel exemplaire connu est celui du musée de l'Homme (fig. 194). Utilisé à des fins divinatoires et conservé par un devin, le récipient est séparé en deux étages par un plancher percé d'un orifice. Lorsqu'un consultant venait le trouver, le devin enfermait à l'étage inférieur un couple de souris à jeun. Il plaçait au-dessus une écaille de tortue contenant un peu de mil et dix bâtonnets. Quand les souris mangeaient le mil, elles déplaçaient les bâtonnets dont la nouvelle disposition fournissait au devin les éléments de sa réponse. Les Baoule pensaient que les souris peuvent communiquer avec l'esprit de la terre et avec les ancêtres, donc connaître l'avenir. Sérieux et fortement concentré, le personnage assis pourrait être une représentation du devin en train de réfléchir pour trouver une interprétation correcte des signes. On ne connaît dans le monde que deux oracles à souris de ce type. Cet objet est considéré comme l'une des œuvres marquantes de la statuaire Baoule.

Les Kuba du Zaïre ont créé un art décoratif remarquable-

195. Vase anthropomorphe.
Zaïre. Kuba. Bois.
H : 25 cm. Collection privée.

Page de gauche

193. Récipient cérémoniel.
Mali. Dogon. Bois dur, monoxyle.
Longueur : 164 cm.
Musée Barbier-Mueller, Genève.
Ce Plat des ancêtres ou Arche du monde représente l'arche dans laquelle Nommo, géniteur de l'humanité et les différentes divinités du panthéon dogon (voir chap. V) sont descendus sur terre. Les personnages sculptés correspondent aux ancêtres primordiaux, les bras levés pour implorer la pluie. Les deux poignées du récipient évoquent le cheval, nouvelle incarnation de Nommo après la descente de l'arche sur terre.

ment riche qui agrémente tous les objets de la vie courante. Ceux-ci relèvent du goût esthétique à l'état pur, indépendamment de tout lien avec un culte, ce qui est fort rare en Afrique. Les notables qui peuvent se le permettre se montrent heureux et fiers de posséder de beaux objets. Cet amour de la forme parfaite se manifeste dans des boîtes sculptées très diverses, qui sont souvent l'apanage des Bushoong, le clan royal. Mais les plus beaux objets sont sans doute les coupes à effigie, à l'image de la tête humaine ou du corps tout entier. Certaines *Coupes anthropomorphes* (fig. 195) ont été considérées comme des portraits qu'idéalisent l'étirement du visage vers les tempes et l'abondance judicieusement répartie d'ornements géométriques. Rien dans ces objets ne sent jamais l'effort ou la répétition.

Bien moins prestigieux, les vases produits par les Mangbetu sont cependant intéressants par la manière très particulière qu'a cette ethnie de créer des objets anthropomorphes. Au Museum Rietberg de Zurich, par exemple, on conserve des *Boîtes* (fig. 196) cylindriques en écorce placées sur des jambes humaines et surmontées de têtes. Elles servent à conserver le miel ou la poudre rouge de *tukula* à laquelle on prête des pouvoirs magiques.

Les appuis-tête et tissus

Présents en Égypte dès le IIIe millénaire av. J.-C. les chevets ou appuis-tête pourraient être passés en Afrique noire via le Soudan, l'Éthiopie et la Somalie. On en trouve en grand nombre dans le bassin du fleuve Congo. Les appuis-tête Luba sont des sculptures à part entière, parées de l'harmonieuse plénitude qui caractérise l'art de cette ethnie (fig. 197 et fig. 153, p. 165).

En Afrique occidentale, les appuis-tête sont relativement rares, et l'on est d'autant plus surpris d'en rencontrer au Mali dans des tombes anciennes remontant à l'occupation du pays par les Tellem. Les problèmes qu'ils posent ne sont pas encore résolus, mais dans l'un d'eux (fig. 198) on peut sans hésitation reconnaître le cheval souvent représenté dans cette ethnie.

Les tissus pourraient à eux seuls justifier un ouvrage. Leurs accents chatoyants, leurs motifs décoratifs d'une infinie

196. Deux boîtes.
Zaïre. Zande ou
Mangbetu. Écorce et
bois. H : 69,4 cm.
Museum Rietberg, Zurich.

197. Appui-tête.
Zaïre. Luba. Ivoire.
H : 17 cm. Archives
Musée Dapper, Paris.
La matière de cette sculpture, un ivoire
longuement patiné, aug-
mente encore
l'impression de douceur
propre à l'art Luba.

variété s'opposent en contrepoint à la statuaire plus austère. Évoquons simplement les tissus décorés de motifs appliqués correspondant à une écriture créés par les artisans d'Abomey dans l'ancien Dahomey, les efforts personnels du roi Njoya au Cameroun pour promouvoir la fabrication de tissus ornés de motifs figuratifs ou abstraits qu'il créait parfois lui-même, et surtout les célèbres velours du Kasaï, en raphia, rythmés de camaïeux de teintes sourdes pour des entrelacs indéfiniment recommencés (fig. 199 et 200). La teinture à motifs réservés dite "tie-dye" à l'indigo est largement pratiquée au Sénégal, tandis qu'au Mali pour les *bokolanfini* et en Côte d'Ivoire pour les toiles de Korhogo on utilise des boues colorées. Au Togo enfin, des pagnes de prestige sont faits de bandes nombreuses assemblées et ornées de motifs carrés.

Même brève et incomplète, cette présentation des objets de la vie africaine permet de constater qu'ils sont le résultat d'une recherche esthétique systématique, pour la nourriture comme pour le sommeil, du passé au présent et du profane au sacré.

201. Poulie de métier à tisser.
Côte d'Ivoire. Gouro.
Bois. Musée de l'Homme,
Paris.

201. Poulie de métier à tisser.
Côte d'Ivoire. Gouro. Bois
dur, patine brillante.
H : 21 cm. Musée Barbier-
Mueller, Genève.

198. Appui-tête.
Mali. Tellem.
Bois. H : 14 cm.
Archives Musée Dapper,
Paris.

199. Velours du Kasaï.
Zaïre. Raphia.
D : 66 x 59 cm.
Musée Barbier-Mueller,
Genève.

Page de gauche

200. Velours du Kasaï.
Zaïre. Raphia.
D : 56 x 54 cm env.
Musée Barbier-Mueller,
Genève.

Index

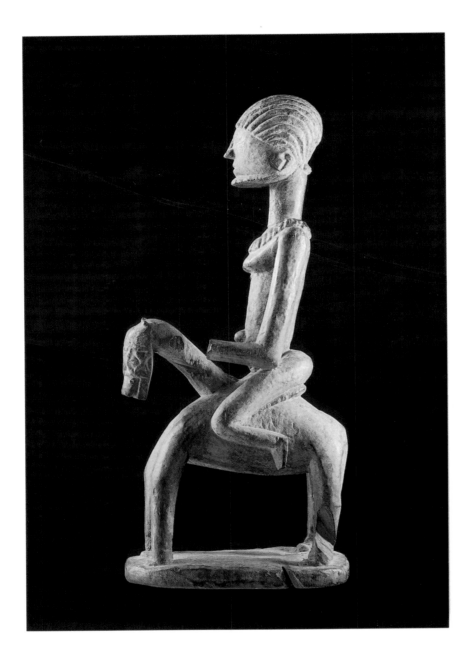

Éléments
de
bibliographie

BALANDIER Georges et coll., *Dictionnaire des civilisations africaines,* Paris, 1968.

BALANDIER Georges, *Afrique ambigüe,* Paris, 1957.

BARBOT Jean, *Journal d'un voyage de traite en Guinée à Cayenne et aux Antilles fait par Jean Barbot en 1678-1679,* Éd. G. Debien, M. Delafosse et G. Thilmans, Dakar, 1979.

BARBOT Jean, *A description of the Coasts of North and South Guinea,* Londres, 1732.

BASTIN Marie-Louise, *Introduction aux arts de l'Afrique noire,* Arnouville, 1984.

BASTIN Marie-Louise, *Art décoratif Tshokwe,* 2 vol., Lisbonne, 1961.

BEN-AMOS Paula, *L'art du Bénin,* Paris, 1979.

CORNET Joseph, F.S.C. *Arts de l'Afrique noire au pays du fleuve Zaïre,* Bruxelles, 1972.

DAPPER Olfert, *Description de l'Afrique,* trad. du flamand, Amsterdam 1686. Réédité par le musée Dapper, Paris, 1989.

DELANGE Jacqueline, *Arts et peuples de l'Afrique noire,* Paris, 1967.

DESCHAMPS Hubert, *L'Afrique noire précoloniale,* Coll. "Que sais-je", Paris, 1976.

DESCHAMPS Hubert et coll., *Histoire générale de l'Afrique noire de Madagascar et des archipels,* 2 vol., Paris, 1970-71.

EZRA Kate, *Art of the Dogon,* The Metropolitan Museum of Art, New York, 1988.

FAGG Bernard, *Nok Terracottas,* Londres, 1970.

FAGG William, *Divine Kingship in Africa,* British Museum Publications, Londres, 1970.

FAGG William et PICTON John, *The Potter's art in Africa,* British Museum Publications, Londres, 1978.

FAGG William, *African Tribal Images,* Cleveland Ohio, 1968.

Page de gauche

Cavalier.
Mali. Tellem ou Dogon.
Bois dur avec patine grise
mate. H : 46 cm. Musée
Barbier-Mueller, Genève.

FAGG William, *African Sculpture,* Washington D.C., 1970.

FEAU Étienne, *L'art africain dans les collections publiques françaises,* in "Antologia di Belle Arti" n° 17, Rome, 1981.

FEAU Étienne, *L'art africain dans les collections publiques de Poitou-Charente,* Angoulême, 1987.

Genève, Musée Barbier-Mueller, *Arts de l'Afrique noire,* Paris, 1988.

Genève, Musée Barbier-Mueller, *Gold of Africa,* Munich, 1989.

GRIAULE Marcel, *Les masques Dogon,* Paris, 1938, réed. 1963.

GRUNNE Bernard de, *Terres cuites anciennes de l'ouest africain,* Louvain-la-Neuve, 1980.

HOLAS Bahumil, *Cultures matérielles de la Côte d'Ivoire,* Paris, 1960.

HOLAS Bahumil, *Masques ivoiriens,* Abidjan, 1969.

HOLAS Bahumil, *Sculptures ivoiriennes,* Abidjan, 1969.

KERCHACHE J., PAUDRAT J.L. et STEPHAN L., *L'art africain. Esthétiques et sculptures,* Paris, 1989.

LAUDE Jean, *Les arts de l'Afrique noire,* Paris, 1966.

LAUDE Jean, *La peinture française et l'art nègre,* Paris, 1968.

LEBEUF Jean-Paul et Annie, *Les arts des Sao,* Paris, 1977.

LEIRIS Michel, *L'Afrique fantôme,* Paris, 1934, réed. 1981.

LEIRIS Michel et DELANGE Jacqueline, *Afrique noire,* Paris, 1962.

LEUZINGER Elsy, *Afrique, l'art des peuples noirs,* Paris, 1962.

LEUZINGER Elsy, *African sculptures, a descriptive catalogue,* Museum Rietberg, Zurich, 1963.

MAQUET Jacques, *Les civilisations noires,* Paris, 1981.

NIANGORAN-BOUAH Georges, *L'univers Akan des poids à peser l'or,* 3 vol., Abidjan, 1984-1987.

NEYT François, *Arts traditionnels et histoire du Zaïre,* Bruxelles, 1981.

NEYT François et DESIRANT Andrée, *Les arts de la Bénoué,* Tielt, 1985.

NEYT François, *La grande statuaire Hemba du Zaïre,* Louvain, 1977.

NORTHERN Tamara, *The art of Cameroon,* Washington, 1984.

Paris. Musée de l'Afrique et de l'Océanie. *Cameroun, art et architecture,* 1988.

Paris. Orangerie des Tuileries. *Sculptures africaines dans les collections publiques françaises,* 1972.

Paris. Musée d'Art moderne de la ville de Paris. *Masques et sculptures d'Afrique et d'Océanie,* Collection Girardin, 1986.

Paris. Galeries nationales du Grand Palais. *Trésors de l'ancien Nigéria,* 1984.

Paris. Galeries nationales du Grand Palais. *Chefs d'œuvre de Côte d'Ivoire,* 1989.

Paris. Nombreuses publications du Musée Dapper, en particulier :

Ouvertures sur l'art africain, 1986.

La voie des ancêtres, 1986.

Aethiopia, vestiges de gloire, 1987.

Art et Mythologie. Figures tshokwe, 1988.

Objets interdits, 1989, (avec le texte d'O. Dapper, *Description de l'Afrique*).

Supports de rêves, 1989.

Bénin, Trésor royal, 1990.

Cuillers sculptures, 1991.

PAULME Denise, *Les civilisations africaines,* Coll. "Que sais-je ?", Paris, 1980.

PAULME Denise, *Les sculptures de l'Afrique noire,* Paris, 1956.

PERROIS Louis, *La statuaire Fang du Gabon,* Paris, 1972.

PERROIS Louis, *Art du Gabon,* Paris, 1979.

PERROIS Louis, *Art ancestral du Gabon,* musée Barbier-Mueller, Genève, 1985.

SCHMALENBACH Werner, *Die Kunst Afrikas,* Bâle, 1953.

SCHMALENBACH Werner et coll., *Arts de l'Afrique noire,* musée Barbier-Mueller, Genève, 1988.

VOGEL Susan M., *African Aesthetics,* The Carlo Monzino Collection, New York, 1986.

WASSING René, *African Art, Its background and traditions,* New York, 1988.

WILLETT Frank, *African Art,* Londres, 1971.

Revues

Arts d'Afrique noire, Arnouville, France.

African arts, Center of African Studies, UCLA, Los Angeles, USA.

Dossiers d'histoire et archéologie, "L'art africain", n° 130, sept. 1988.

Revue *Archeologia,* nombreux articles sur les arts africains.

Art Tribal. Musée Barbier-Mueller, Genève.

Remerciements

Qu'il me soit permis d'exprimer ici toute ma reconnaissance, sincère et chaleureuse, à ceux qui par leur aide et leurs encouragements ont facilité la réalisation de cet ouvrage. Monsieur Jean-Paul Barbier, directeur du musée Babier-Mueller de Genève et Madame Christiane Falgayrettes, directeur du musée Dapper de Paris ont bien voulu relire la totalité du manuscrit et me faire bénéficier de leurs suggestions. Madame Marie-Noël Verger-Fèvre, attachée de recherche au département d'Afrique noire du musée de l'Homme, a fait de même pour le long chapitre sur les masques.

Pour les illustrations, Monsieur Jean-Paul Barbier nous a communiqué avec une générosité exceptionnelle les photographies d'un grand nombre d'objets de son musée. Madame Christiane Falgayrettes nous a autorisés à puiser dans les réserves de sa photothèque et Monsieur Louis Perrois, directeur de recherche à l'ORSTOM, nous a fait bénéficier de ses belles photographies de terrain. Que les collectionneurs qui ont accepté de laisser photographier certaines de leurs plus belles pièces soient également remerciés, Monsieur Dartevelle, Monsieur Marc Félix, le Comte Baudouin de Grunne et tous ceux qui ont préféré rester anonymes.

Madame Véronique de Fenoyl, quand à elle, n'a pas ménagé ses efforts pour réunir les nombreux clichés nécessaires, tout comme Madame Laurence Mattet dont l'efficacité souriante nous a été très précieuse.

Laure Meyer

Page de gauche

Statue d'un cavalier.
Mali. Delta intérieur du Niger. National Museum of African Art, Washington.

Crédit photos

Imprimé en Italie
Printed in Italy
by Stocchiero Grafica
VICENZA